有元葉子とクロワッサンの

ひと工夫で格段においしくなる
シンプル家庭料理

マガジンハウス

はじめに

家庭料理はシンプルがいいと思っています。ただ、シンプルに簡単にとはいっても、「手をかけない」という意味ではありません。できあいのお惣菜を買って簡単に食事をすますということとは違います。

家庭料理は心を込める、気持を込めることが大事です。家族のために自分のために料理を作るのです。

食べ物が体を作ります。体ばかりでなく、心まで作るのが毎日の食事です。自分の食べ物は自分で作る、これが基本です。自分で吟味して選んだ食材や調味料を使い、日々ちゃんと作って食べていれば、すぐには差がわからないかもしれませんが、10年後にはその心や体に大きな開きが出ます。

とはいっても、毎日、毎食手のこんだ料理は作れませんし、体もそれを欲していません。家のご飯はシンプルでおいしいものが一番。

家庭料理は一生続くもの。ひとり暮らしでも、自分で作る料理は家庭料理だと、私は思っています。これを義務感ではなく、そこに楽しみを見つければ、そんなに大変と思わず、続けていけるのではないでしょうか。私自身も家族と自分のために作るのが面白いからやってきたところがあります。

ちょっと努力がいるかもしれませんが、作ることに何か楽しみを見つけてください。そうすれば、もっと前向きになり、自分で作る面白さにのめりこむかもしれません。

クロワッサンの料理特集で紹介した私の料理やアイデアが、そのきっかけになれば、幸いです。

目次

調理法はひとつ。

だしは水出しで簡単に。

調味料はひとつ。

愛用する台所道具。

野菜はまるごと、皮ごと食べるのがおいしい。

塩漬けする、マリネする。

自家製調味料をおすすめします。

干し野菜は調理が簡単、おいしい。

料理を作りながら、台所がみるみる片づいていく。

◆この本の計量単位はカップ1が200mℓ、大さじ1が15mℓ、小さじ1が5mℓです。
◆本書にて掲載商品の価格は税込み（8%）価格です。

調理法はひとつ。

焦げる一歩手前で鍋についた肉汁もこそげ取って汁に混ぜ、ソースにする。

手順が複雑だったり、調理道具が特別な料理は、作ってみたいと思ってもなかなか踏み出せない。でも、調理法がひとつだったら、気軽に試してみることができるはず。

たとえば、ローストビーフが作りたいと思っても、オーブンもないし、面倒なのではとためらってしまうが、鍋で、ローストビーフができるとしたら。ちょっと試したくなる。

「ステンレス製で底が分厚くて、蓋がピシッと閉じる鍋がいいです。たとえば、クリステルの鍋はぴったりで。すごく楽です。15分から20分で完成しますよ」

ハーブを入れればイタリア風になるし、たたきのようにしてわさび醤油やおろし大根で食べてもいい。また、オリーブオイルと肉から出た香ばしい汁を一緒にして肉にからめて、それにバルサミコをかけるのもおすすめ。

1 あらかじめバットに塩とコショウを振っておき、肉をのせる。

2 鍋に引く油はちょっとでいい。焼き色がついたらひっくり返す。

3 ひっくり返すと、こんな具合。以後も、時々ひっくり返す。

4 ピタッと閉まる蓋。焼け加減を見るときもこれにのせて見る。

牛肉の鍋ロースト

材料（4～5人分）

牛肉のかたまり（イチボ、ランプなど好みの部位）　500～600g
塩・コショウ　各適量
オリーブオイル　大さじ3

作り方

1 鍋を何も入れずに熱する。

2 牛肉に塩・コショウをすりこむ。熱くなった鍋にオイルを引き、肉を入れて転がすようにして焼く。

3 蓋をして火を弱めにし、15～20分焼く。時々位置を変えるようにして転がす。全面においしそうな焼き色がついて、竹串を刺し、ピンク色の汁がにじむ程度で火を止める。そのまま置いて粗熱をとる。焼いてすぐ切るとおいしい肉汁が流れ出てしまうので、必ず粗熱はとってやや冷ましてから切る。

4 好きなたれやソース、塩、オリーブオイル等でいただく。

鶏もも肉と鶏レバー焼き甘辛タレ

こってりとした味で、ご飯がすすみます。

材料（4人分）
鶏もも肉　1枚
鶏レバー　100g
油　大さじ2〜3
粉山椒　適量
甘辛タレ
　醤油　大さじ4〜5
　みりん　大さじ4〜5
　酒　大さじ3

作り方

1　酒、みりんを鍋に入れて火にかけ沸騰したら、火をつけて煮切り、醤油を加えて、ちょっと煮詰めてトロリとさせる。

2　鶏もも肉はフライパンで皮のほうから焼き、こんがりしたら、ひっくり返して焼く。余分な脂をペーパータオルで拭き取り、タレの半量をからめて、食べやすく切る。

3　鶏レバーは2つくっついているので半分にし、それをまた半分に切る。これを流水に5分ほど放ち、血抜きをして水気を拭き取る。

4　3を油を熱したフライパンで焼き、タレをかけ、からめる。

5　2、4を器に盛って、粉山椒を添える。

いかの炒め煮

いかはじっくり煮ると、
柔らかくなり、
うまみが出てくる。

材料（3～4人分）
スルメいか　2杯
サラダ油　大さじ2
酒　⅓カップ
醤油・みりん　各⅓カップ
黒砂糖　大さじ2
いりごま　適量

作り方
1　スルメいかは内臓を出し、内側をよく洗って、1cm幅ぐらいに切る。足は2本ずつに切っておく。エンペラ（耳）も食べやすい大きさに切る。
2　鍋を熱し、熱くなったら、サラダ油を入れ、**1**をよく炒める。
3　酒、醤油、みりん、黒砂糖を**2**に加え、全体がかぶる量の水を入れ、煮る。
4　いかがちょっと細くなって、角が丸くなるまで煮る。煮汁が煮詰まって、汁気がトロリとしたら出来上がり。いりごまを振る。

モロヘイヤと桜えびのかき揚げ

シンプルな組み合わせ。低温でゆっくり揚げてカリカリッ。

材料(4人分)
モロヘイヤ　1パック
桜えび　30g
薄力粉　⅓カップ強
揚げ油　適量
塩　適量

作り方
1　モロヘイヤは葉っぱを摘み取り、ざっと洗って桜えびとボウルに入れて、薄力粉をまぶし、水を大さじ1ずつ、モロヘイヤと桜えびがお互いくっつく感じになるまで加えていく。
2　揚げ油を熱し、油温が150℃くらいのときに**1**を入れ、少しだけ温度を上げながらカリッとするまで揚げる。上下2回ぐらいひっくり返す。
3　**2**を皿に盛り、塩を振る。

1まず、タラコを炒める。油はごま油。香りの強すぎない、薄めの色のものを。

2千切りのにんじんを加え、ちょっとしんなりするまで炒める。

3いり黒ごまを振る。

にんじんとタラコの炒め

熱々でもおいしい。冷めても作りおきも大丈夫。

●材料（2〜3人分）

にんじん　2本
タラコ　1腹
塩　少々
いり黒ごま　大さじ1
ごま油　大さじ1強

●作り方

1　にんじんは千切りにする。
2　タラコは皮から出して、ほぐしておく。
3　鍋を熱し、ごま油を加え、タラコを入れて、ポロポロになるまで炒める。
4　3へにんじんを入れ、炒め合わせる。タラコがプチプチといい音をたて、にんじんが少ししんなりしたら、味を見る。味が足りなかったら、塩を振る。
5　いり黒ごまを加える。

玄米と大豆のオイル和えと、カジキのグリル、玉ねぎ、ケイパー

玄米と一緒に食べて
おいしい惣菜をワンプレートに盛る。

カムカム鍋でふっくら炊き上がります。
香ばしい、いい匂い。おこげもできて。

ピースの圧力鍋に、オーサワジャパンのカムカム鍋を入れて炊く。
この方法で、玄米がおいしく炊き上がる。

材料(4人分)

玄米　2カップ
大豆　50g
カジキマグロ　4切れ
赤玉ねぎ　1個
にんにく　2〜3かけ
ドライタイム　大さじ1½
ケイパー　適量
オリーブオイル　大さじ4〜5
塩・コショウ　適量
マスタード　適量
レモン　1個
ハーブ　適量
クレソン　適量

作り方

1　洗った玄米をカムカム鍋に入れ、同量の水を加えて蓋をし、圧力鍋に入れる。

2　カムカム鍋の高さの半分まで水を入れ、最初は強火、沸騰したら弱くして55分炊く。炊き上がったら、すぐに蓋を開ける。

3　2の玄米ご飯と茹でた大豆をオリーブオイル大さじ2と塩で和える。

4　カジキマグロは塩、コショウをし、タイムを振っておく。

5　フライパンにオリーブオイル大さじ2〜3を熱し、包丁で叩いたにんにくを炒めてからカジキを入れ、こんがり焼く。

6　皿に玄米と大豆を和えたものを盛ってクレソンを散らし、カジキと一緒に焼いたにんにくものせる。赤玉ねぎ、ケイパーを散らし、マスタードとレモン、ハーブを添える。

蓮と鶏手羽の素揚げ

蓮は皮ごと揚げると、
おいしい。
スパイシーな味わい。

材料(4人分)

蓮　小2本
鶏手羽肉　8本
一味唐辛子　適量
クミンパウダー　少々
黒コショウ　少々
塩　適量
揚げ油　適量

作り方

1　蓮は皮ごと1cmぐらいの厚さに輪切りにする。
2　少し高温の油で素揚げする。全体に色よくこんがりと揚げて、バットに上げておく。
3　ボウルに黒コショウを挽き、塩、一味唐辛子、クミンパウダーを混ぜておく。
4　鶏手羽肉を素揚げし、揚がったらすぐ調味料のボウルに入れ、まぜてまぶす。蓮も加えて混ぜる。

挽き肉と大根のカレー炒め

大根は炒めすぎず、
カレー風味の
新しい食感が楽しめる。

材料（4人分）
大根　½本
豚挽き肉　150g
にんにく　1〜2かけ
醤油　大さじ1強
カレー粉　大さじ1〜2
塩　適量
サラダ油　大さじ2〜3

作り方
1　大根は薄いイチョウ切りにして、塩をしておく。
2　フライパンを熱し、サラダ油を熱くして、まず、刻んだにんにくを入れて炒め、豚挽き肉を加えて炒めて、醤油とカレー粉で味をつける。
3　2へ塩をしておいた大根をしっかり絞って加え、挽き肉と混ぜて炒め合わせる。

チキンハーブソテー

ハーブを使って、
鶏肉をいつもと違う
味わいの一品に。

材料（4人分）
鶏もも肉　4枚
おろしにんにく　2〜3かけ分
タイム　小さじ2〜3
ローズマリー　小さじ2〜3
小麦粉　適量
オリーブオイル　大さじ3〜4
塩　小さじ2〜3
コショウ　適量

作り方
1　鶏もも肉は半分に切り、塩、コショウをし、おろしにんにくとタイム、ローズマリーを全体にびっしりまぶす。
2　小麦粉をつけ、フライパンを熱してオリーブオイルで皮の面からカリカリに焼き、ひっくり返して、じっくり焼く。

豚ひれ肉のマスタード風味

蒸し焼きした豚肉を
手で割くと、
焼き汁がすぐしみる。

材料(3〜4人分)
豚ひれ肉のかたまり　300g
粒マスタード　大さじ2
醤油　大さじ1〜1½
塩　少々
ブロッコリー　1株
オリーブオイル　少々

作り方

1　鍋に、塩とオリーブオイルを塗ったひれ肉と水少々を入れて、蓋をして約30分、弱火で蒸し焼きにする。ときどきひっくり返す(または圧力鍋で10分程度加熱)。

2　しっかり火が通ったら、粗熱をとり、繊維に沿って割く。

3　1の焼き汁に醤油とマスタードを加え、割いた肉、茹でたブロッコリーを和える。

しっかり火を通し、柔らかくなった肉は、繊維に沿って簡単に割くことができる。

焼き汁に醤油とマスタードを加え、スパイシーに調味。

友達を招いたときは手がかからない、ちょっと珍しい料理を。

チキンのカッチャトーレ

材料（4人分）

骨つき鶏肉　600〜700g
ローズマリー　3本
トマト水煮缶　1缶
赤ワイン　1カップ
オリーブオイル　大さじ2〜3
塩　小さじ2
唐辛子　1〜2本

作り方

1　ぶつ切りにした鶏に、塩、唐辛子とローズマリーを入れ、1時間はおく。

2　オリーブオイルをかけ、塩もハーブもすべてを鶏にもみ込み、熱した鍋で豪快に焼く。

3　香りがしてきたら赤ワインをかけ、トマトの水煮缶を加えてグツグツ煮込む。表面に油が浮いてきて、骨が身から取れやすそうになったら完成。

1 ぶつ切りにした鶏肉に唐辛子やハーブをバッサリ入れる。まだ混ぜない。

2 オリーブオイルをかけまわして、オイルも香辛料もすべて鶏にもみ込む。

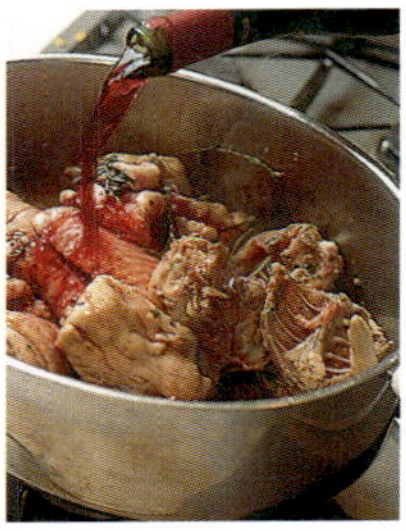

3 熱した鍋で鶏を焼き、いい香りがしてきたら赤ワインをまわしかける。

4 トマトの水煮缶を1缶加えて、これであとはグツグツと煮込んでいく。

ミスティカンツァ（パン添え）

材料（4人分）

ほうれん草　1束
ブロッコリー　1個
水菜　1束
オリーブオイル　大さじ2〜3
塩　適量
コショウ　適量

作り方

1　ほうれん草、ブロッコリー、水菜をそれぞれサッと茹でしっかり絞る。

2　1にオリーブオイルをかけまわし、塩、コショウで和える。

焼き立てのパンにバージンオリーブオイルをたっぷりと。冷めてもおいしい。

熱湯をかけて、10分おくと、クスクスはこのように。ここにオリーブオイルをかける。

クスクスサラダ

材料（4人分）

クスクス　1½カップ
オリーブオイル　大さじ3〜4
塩　適量
コショウ　適量
ディル　1束
シャンツァイ　1束
トレビス　4枚
レモン汁　1個分

作り方

1　鍋にクスクスを入れ、かぶるくらいに熱湯を注ぐ。蓋をして、10分もおくと、クスクスはお湯を吸って容量が増え、まるで違う様相に。

2　1にオリーブオイル大さじ2〜3をまわしかけ、火にかけて、平らなへらでせっせと混ぜる。具合を見ながらオイルを足したりしつつ、ちょっとポロッとして、サラサラになるまで水分を飛ばす。

3　サラサラになったクスクスにオリーブオイル大さじ1、レモン汁、塩、コショウを加え、混ぜる。

4　いったん冷ましてから、ディルやシャンツァイなど香草を混ぜ、トレビスに盛る。季節によっては枝豆を散らしてもおいしい。

ミスティカンツァ

クスクスサラダ

チキンのカッチャトーレ

ブロッコリーのにんにく炒め

にんにくの香ばしさ、
塩だけでも
立派な一品に。

材料（2〜3人分）

ブロッコリー　1個
にんにく　1〜2かけ
オリーブオイル　大さじ2
塩　適量
コショウ　適量

作り方

1　ブロッコリーは小房より、やや大きめに切り分け、茎の硬い部分の皮を下からクイッと引っぱり、むく。

2　中華鍋にオリーブオイルを熱し、叩いたにんにく1かけを入れる。香りが出てきて、キツネ色に色がついたら、一度上げる。

3　2の空いた鍋にブロッコリーを入れて炒め、水を少し加えて蓋をする。

4　火が通ったところでにんにくを戻し、塩、コショウで味をつける。

ゴボウと鯖の山椒煮

ただ煮るだけなのに
昆布や山椒の実で、
味わい深く仕上がる。

材料（4人分）

鯖　½尾
ゴボウ　1本
昆布　10㎝
山椒の実（佃煮）　大さじ1
醤油　大さじ3
みりん　大さじ2〜3
酒　大さじ3

作り方

1 二枚におろした鯖を2〜3㎝に切る。
2 ゴボウを2〜3㎝に切る。
3 鍋に鯖、ゴボウ、昆布、山椒の実を、醤油、みりんと、酒でコトコト煮る。

かぶの煮物

ちょっと濃いめのだしで、とろりと煮る。

材料(4人分)

かぶ　1束
だし　1½カップ
醤油　大さじ1
塩　少々
酒　大さじ3
片栗粉　大さじ1

作り方

1　かぶを実と葉に分け、実は皮をむいて半分に切り、面取りをする。
2　葉は茎ごとさっと茹で、細かく刻む。
3　鍋に実を入れ、だしをひたひたまで加えて、塩と酒、醤油でお吸い物よりちょっと濃いかな、という味にして、かぶが軟らかくなるまで煮る。
4　煮えたところに水溶き片栗粉を様子を見ながら入れて、好みのトロみにし、ひと煮立ちさせたら、葉を入れて、出来上がり。

茹でるより蒸すほうが、
カラーピーマンの
味も見た目もいい。

カラーピーマンのサラダ　グリーンソース

材料（4人分）
カラーピーマン　2個
バジル　4〜5本
イタリアンパセリ　½束
ルッコラ　2〜3本
にんにく　1かけ
オリーブオイル　大さじ3
塩　小さじ1

作り方
1 カラーピーマンは蒸して、皮をむき、細長く切る。
2 バジル、イタリアンパセリ、ルッコラ、にんにく、オリーブオイルと塩をミキサーにかけてソースを作る。
3 1を皿に並べ、ソースをかける。

大豆の茹で汁が、
スープになる。
塩だけでもおいしい。

大豆のクリームスープ

材料（2〜3人分）
茹で大豆　1カップ
茹で汁　⅔カップほど
（濃度をみながら加減する）
玉ねぎ　½個
塩　少々
コショウ　少々
カレー粉　大さじ½
生クリーム　少々

作り方
1 茹でた大豆と茹で汁に、ザク切りの玉ねぎを加え、水をかぶるぐらい入れて、大豆が柔らかくなるまで煮る。
2 1に塩、コショウ、カレー粉を加えてミキサーにかける。
3 温めて、生クリームを加える。

だしは水出しで簡単に。

一晩で、いりこも昆布も水を含んで大きくなる。水は淡く色づいただしに変わる。

いりこだし

材料(3〜4人分)　大きめのいりこ25〜30尾、水5カップ

作り方　1 ハラワタ(黒いところ)をとったいりこを水につけて、冷蔵庫で一晩おく。2 濡れ布巾で濾して、出来上がり。

1 ハラワタ (黒いところ) をとる。頭にある黒い部分も忘れずに。

2 いりこを水につけて、冷蔵庫で一晩おく。

3 ザルに濡れ布巾をかけて濾す。乾いた布巾はだしを吸うのでNG。

4 うまみが詰まった澄みきっただしの出来上がり。

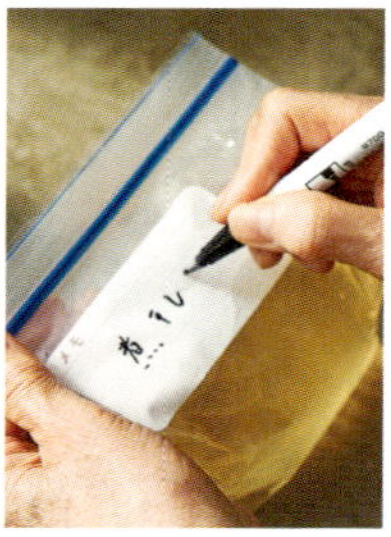

だしは多めに作り、冷凍保管する。

冷凍すればいつでも使えて便利。冷凍の際には、だしの種類（昆布・いりこ）と日付を明記しておく。使用するときには、自然解凍する。

昆布だし

材料(3〜4人分)
10〜12cmにカットした昆布2枚、水5カップ

作り方
表面の汚れを軽く拭いた昆布を水につけて、冷蔵庫で一晩おく。これだけ。

味の決め手であるだし。水にひたすだけの水出しをすすめたい。余計な手間は一切なし。ただひたすら、いりこや昆布からじっくりとうまみを引き出す。時間と水が作業してくれる。出来上がっただしは、どちらも淡く色づく。

「いりこだしが苦手という人も、水出しなら大丈夫。火にかけていないので、いりこ独特の臭みが出ないんです。このだしは我が家の味噌汁の基本です」

それぞれのだしをスプーンにすくって味見をしてみた。まずは昆布だし。昆布の風味とうまみが口いっぱいに広がる。いりこだしも上品ですっきりとした味わい。確かに臭みがない。濁りのない、驚くほど澄んだ味わいだ。水だけで、これほどのだしが出るとは正直、驚いた。まさに昆布のエキス、いりこのエキスといってよさそう。有元さんはどちらのだしも多めに作り、小分けにして冷凍庫で保存している。

「これだけで充分おいしいので、具に凝らなくても上等な料理ができるんです。このだしで作る野菜の煮びたしやうどんは私の定番です」

白菜と厚揚げの煮物

材料(3〜4人分)
厚揚げ1枚、白菜¼個、昆布だし4カップ、醤油大さじ1½、塩適量、酒大さじ2、柚子コショウ適量

作り方
1 鍋に昆布だし、醤油、塩、酒を入れて薄味に仕立て、火にかける。2 沸騰したら、そぎ切りにした白菜の芯を、次にざく切りにした白菜の葉と油抜きして適当な大きさに切った厚揚げを加える。3 ふつふつと煮えたら出来上がり。柚子コショウをつけていただく。

2葉の部分は厚揚げとともに加え、全体が同時に煮上がるようにする。

1まず火の通りにくい芯を火にかけて柔らかくする。

充分に沸騰した中に、よく溶いた卵を流し入れて軽く混ぜる。

卵うどん

材料(1人分)
いりこだし1½カップ、塩少々、醤油少々、うどん1玉、溶き卵(全卵1個と黄身1個)、長ねぎ少々、山椒の粉少々

作り方
1 鍋にいりこだし、塩と醤油を入れて火にかける。2 沸騰したら、溶き卵を流し入れる。卵がふんわりと固まったら、火を止める。3 茹でたうどんに2をかける。小口切りにした長ねぎ、山椒の粉とともにいただく。

調味料はひとつ。

「家庭料理はシンプルがいいんです。塩だけ、醤油だけ、味噌だけ。上等な調味料がひとつあれば、おいしい料理が簡単に出来上がります」

これが有元葉子さんの結論という。

「私が一番よく食べているのはパリッとさせた野菜をザクザクと切り、オリーブオイルと塩、コショウをかけたサラダのようなものかもしれません。シンプルな料理は体に負担を与えないし、毎日、食べても飽きない。家庭料理はそうでなくてはと思います」

調理時間もかからない。サッ、サッ、サッとリズミカルに有元さんの手が動いたと思いきや、さっきまでのザルの中にあった野菜が、澄ました顔で皿の上で湯気をたてていたりする。

「料理も暮らしもメリハリがあるほうが好きなんです。きちっと下ごしらえしてさっと仕上げる。働くときは働いて、休むときは休む。ただし目の前の作業は手を抜かない。短時間でも集中して作ることが大事なんです」

だからこそ、しみじみおいしいのだ。野菜の甘みを塩や醤油がまろやかに引き立てる。肉のうまみを味噌がぐっと引き出す。そして素材が持つ本来の味と香りが口いっぱいに広がる。

この水菜のサラダ。黒すりごまの香ばしさ、水菜の歯ごたえ、そして甘みに、箸が止まらなくなる。

「味を決めるのはおいしい調味料、新鮮な素材、その組み合わせです」

調味料は必ず味見をして選ぶ。塩、醤油、味噌、油などはなめてみる。酒、みりん、ワインは飲んでみる。

高価な食材に頼らないことも大切だ。必ずしも高いものがいいというわけではないからだ。

「本物の、おいしいものを選ぶために真剣勝負で調味料の味見をするんです。どれがいいのか最初はピンとこなくても、何度も繰り返し味見をしているうちに、いつかわかってきます」

これがおいしいと自分が思うもの、それがその人にとって、上等なもの。そうして巡りあった調味料は調理技術に多少の未熟さがあっても、カバーしてくれることがある。だから、調味料の味見が大事になってくる。

水菜は水にさらし、しっかり水気を切る。水切り器で2回まわすのがおすすめ。ごま油を最初にたらすことで膜ができて、野菜から水が出にくくなり、ハリハリの食感が楽しめる。

水菜のサラダ

上質なオイルと塩。
それだけで野菜は
おいしくいただけます。

材料(3〜4人分)
水菜　1パック
黒すりごま　大さじ約4
ごま油　少々
塩　少々

作り方
食べやすい長さに切った水菜にごま油、塩、すりごまの順でさっくりと合わせる。

ラムチョップソテーのにんにく味噌添え

味噌の深く
柔らかなうまみが
肉や野菜を引き立てます。

◎材料（4人分）
ラムチョップ　8本
味噌　大さじ2〜3
にんにく　1かけ
セロリ　1本
オリーブオイル　少々

◎作り方
1　オリーブオイルを塗ったラムチョップを中火で好みの焼き加減に仕上げる。
2　すりおろしたにんにくを味噌に混ぜ1に塗る。セロリを添えて食卓に。

1にんにくをすりおろし、味噌に混ぜておく。

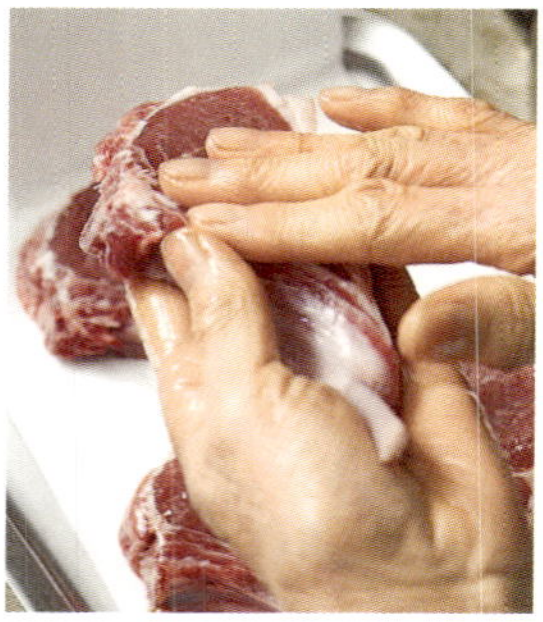

2手にオリーブオイルをとりラムチョップに塗ると簡単。

菜の花醤油煮

1 醤油洗いするように、醤油をサッとまわしかける。

2 ザルにあけて醤油を切ってから、盛りつける。

醤油は調味料の基本です。
好きな味を選べば、
味つけは他にいりません。

材料(3〜4人分)
菜の花　1束
醤油　大さじ約1
オリーブオイル　少々

作り方
1　鍋にオリーブオイルを熱し、食べやすい長さに切った菜の花を軽く炒め、蓋をして蒸す。
2　菜の花が柔らかくなったら醤油をまわしかけ、醤油を切って盛りつける。

じゃが芋のアンチョビ和え

アンチョビの塩味に
ビネガーの
隠し味がきいています。

◎材料（3～4人分）
じゃが芋　4個
アンチョビフィレ　½缶
ビネガー　少々
オリーブオイル　少々
コショウ　少々

◎作り方
1　蒸したじゃが芋は皮をむき、フォークで崩す。
2　ビネガー、オリーブオイル、手でちぎったアンチョビフィレの順に混ぜ合わせる。コショウで味を調える。

手でちぎったアンチョビフィレを温かいうちに混ぜる。

キャベツのアンチョビ和え

蒸しキャベツで、
アンチョビのかけらを
包むように食べて。

◎**材料**(3〜4人分)
キャベツ　½個
アンチョビフィレ　½〜1缶
オリーブオイル　少々

◎**作り方**
1 適当な大きさにちぎったキャベツを蒸す。
2 オリーブオイルをキャベツになじませ、アンチョビフィレを上にのせる。

キャベツは蒸すのがおすすめだが、茹でても生でも合う。

大根とねぎのサラダ

大根とねぎの
千切りと鰹節に
醤油だけでさっぱり。

材料(3〜4人分)
長ねぎ　1本
大根　1/3本
鰹節　10g

作り方

1　長ねぎは白髪ねぎに切る。大根は千六本くらいに細く切る。

2　両方を氷水につけてシャキッとさせたら、水気をよく切り、器に盛り、鰹節をたっぷりかけ、食べるときに醤油(分量外)をかける。

蕗とベーコンのオリーブオイル炒め

蕗は茹でて皮をむき、水に浸しておく。

ベーコンは中火でカリカリになるまで炒める。

うまみがある、ベーコンは料理の味つけに使えます。

材料（3〜4人分）

蕗　1束
厚めのベーコン　150g
塩　少々
コショウ　少々

作り方

1　1cm角に切ったベーコンをカリカリになるまで炒める。茹でて皮をむき、食べやすい長さに切った蕗を加えてさらに炒める。
2　塩、コショウで味を調える。

冷や奴

ごま油とシャンツァイで
中華風。
お豆腐1丁でも
食べられそう。

◎材料(4人分)
豆腐　1丁
ピータン　1個
シャンツァイ　1束
しょうが　1かけ
にんにく　1かけ
醤油　大さじ2/3(または小さじ2)
ごま油　大さじ1
赤唐辛子　1本

◎作り方
1　しょうが、にんにく、シャンツァイの茎をみじん切りにする。
2　豆腐にしょうが、にんにくをのせ、ピータンの縦4つ切りをのせ、シャンツァイの茎、赤唐辛子の細切りをのせる。
3　2にまず、ごま油をかけ、その後に醤油をかける。

あえそば

繊細で、さっぱりしていながら、その実、香りとコクが！

材料（4人分）
エビソバ　4玉
ザーサイ　½個
長ねぎ　1本
しょうが　1かけ
にんにく　1かけ
シャンツァイの葉　1束
豆板醤　適量
酢　適量
塩　小さじ½
ごま油　大さじ2

作り方

1　エビソバを程よく茹で、はさみで食べやすい長さに切り、ちょっと塩を振って、ごま油をまわしかけて、全体をさっと和えておく。

2　しょうが、長ねぎ、ザーサイ、にんにくをみじん切りにし、皿に盛った1の上に、たっぷりかける。シャンツァイはざく切りにしてのせる。

3　酢と豆板醤を添える。

茹で上がったおそばは、水を切ったところで塩を振り、ごま油を、ぐるりん、とまわしかける。

チキンソテー

身はジューシー、皮はパリッ。
味つけは、いい塩、だけ。

材料（4人分）
鶏もも肉　2〜3枚
にんにく　2〜3かけ
塩　小さじ2
コショウ　適量
オリーブオイル　大さじ2

作り方
1　鶏もも肉に塩を振り、30分はおいておく。
2　フライパンにオリーブオイルを入れ、コショウした鶏肉、潰したにんにくをのせて焼く。
3　両面ともちょっと焼き目がついたところで、フライパンのままオーブンへ入れる。10〜15分ぐらいで、皮がパリッと焼けて中はふっくらしてくる。

鶏もも肉に塩を振り、30分はおいておく。これでもう、焼けてから何もつけずにおいしく食べられる。それは皮がおいしいせいもある。絶対、皮は取らないで。

コトレットミラネーゼ

揚げたてに塩。
オリーブオイルのうまみと共に。

材料(4人分)
一口カツ用豚肉　400g
小麦粉　適量
パン粉　適量
卵　2個
塩　適量
コショウ　適量
オリーブオイル　適量
いんげん　80g
ミニトマト　15個

作り方
1　一口カツ用の豚肉を叩いて、だいたい3倍ぐらいの大きさに、薄くする。
2　小麦粉をまぶして、卵をつけ、まんべんなく細かくしたパン粉をまぶす。
3　オリーブオイルはフライパンに3cmの深さで入れ、2を揚げる。まめにひっくり返せば、カリッと揚がる。
4　バットに上げたら、熱いうちに塩とコショウを振る。
5　いんげんのソテーを皿にしいて、カツをのせ、半分に切ったミニトマトをのせてソースのようにカツと一緒に食べる。

白身魚のワイン蒸し

バターは調味料。
レモンを加えて、
華やかなソースに。

材料（2人分）
平目の切り身　2切れ（薄塩をあてておく）
バター　大さじ2〜3
レモン（国産）　½個
白ワイン　大さじ1
パセリのみじん切り　大さじ1
オリーブオイル　少々

作り方
1　フライパンにオリーブオイルを熱し、平目、白ワインの順で加え、蓋をして蒸し焼きにする。
2　別鍋にバターを溶かし、レモン汁とレモンの皮のすりおろし、パセリのみじん切りを加える。**1**を皿に盛り、ソースをかける。

白ワインを入れ、蓋をして静かに蒸し上げる。

たっぷりのバターを別鍋で溶かし、レモンとパセリを加える。

バター蒸し野菜鍋

バターの味と香り、
野菜の甘みが
口いっぱいに広がります。

材料（3〜4人分）
じゃが芋　2個
ズッキーニ　1本
にんじん　1本
スナップエンドウ　½パック
にんにく　1かけ
バター　大さじ2
塩　少々

作り方
1 じゃが芋は大きめのひと口大、ズッキーニとにんじんは1〜2cm厚さの輪切りにする。
2 厚手の鍋にバター大さじ1、叩き潰したにんにくとにんじんを入れ、弱めの中火にかけ、蓋をして蒸す。
3 にんじんが少し柔らかくなったらじゃが芋、そしてズッキーニとスナップエンドウの順で加えて、さらに蒸す。
4 最後に軽く塩を振り、残りのバターを野菜全体にからめて、火を止める。

たっぷりのバターがおいしさの決め手。焦げそうならば少し水を入れる。

じゃが芋とモッツァレラのグラタン

焼き上がりの熱々に、スプーンを入れると、サクッ。そして、中からチーズがトロリ。

材料(4人分)
じゃが芋　4〜5個
モッツァレラチーズ　2個
塩　少々

作り方
1　じゃが芋を潰せるくらいに蒸すか、茹でて、フォークで粗めに潰す。
2　オリーブオイル(分量外)を塗ったパイ皿に、じゃが芋とモッツァレラチーズを段々に重ね、じゃが芋にだけ塩をちょっと振る。
3　オーブンでキツネ色になるまで焼く。

じゃが芋はマッシュしてしまってはだめ。粗めに潰した食感が命だ。

ちぎりキャベツ炒め

材料(3〜4人分)
キャベツ　½個
オリーブオイル　少々
塩　少々

作り方
1 フライパンにオリーブオイルを熱し、ちぎったキャベツの両面を焼く。
2 塩で味を調えて出来上がり。

炒めるというより、フライパンでしっかり両面を焼く。

キャベツを冷水に浸してから調理。シャキッとして甘みも。

水に浸すことで野菜は元気を吹き返す。野菜の下ごしらえの基本。

密閉袋などに入れ、袋ごとぐいぐいともみ込むだけ。

キャベツの塩もみ

材料(2人分)
キャベツ　½個
塩　3%(キャベツの重さに対して)

作り方
1 適当な大きさにちぎったキャベツと塩を混ぜ合わせてから、よくもんでしぼる。
2 密閉袋などに入れるともみやすい。残ったらそのまま重石をして冷蔵庫に入れておけば、翌日もおいしく食べられる。

野菜とトマトのタジン風

常備したいトマトの缶詰。
これさえあれば
何とかなります。

材料(3〜4人分)
トマト缶　1缶(カットタイプ)
スペアリブ　400g
セロリ・玉ねぎ・キャベツの芯　各適量
にんにく　2かけ
オリーブオイル　少々
塩　少々
コショウ　少々
パプリカパウダー　大さじ2〜3
コリアンダーパウダー・
　クミンパウダー　合わせて大さじ2〜3
唐辛子　適量
水　(トマト缶の1½杯分)

作り方
1　鍋にオリーブオイルを熱し、みじん切りにしたにんにくとともにスペアリブを炒める。
2　適当な大きさに切ったすべての野菜、トマト缶、水を加え、コトコト煮る。
3　パプリカ、コリアンダー、クミン、唐辛子、塩、コショウで調味し、さらに煮込む。

肉を炒めた後、野菜とトマトと水、すべてを入れて火にかける。

豚肉の味噌漬け

惣菜の定番・味噌漬け。
ネット使いで
もっと気軽に食卓に。

材料(4人分)

味噌　1カップ(麹がたくさん入ったもの)
煮切りみりん　大さじ2〜4
豚ロース肉　3〜4枚
長ねぎ　1本

作り方

1 ネットに入れた豚肉を、味噌と煮切りみりんを合わせたものをラップに塗りつけて包む。

2 冷蔵庫で一晩おく。

3 ネットの口を手前に引いて肉を取り出し、食べやすい大きさに切り、フライパンで焼く。焼いた長ねぎを添えて食卓に。

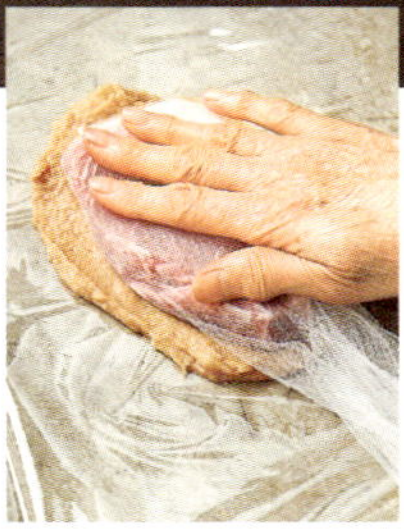

1 ラップの上に味噌をおき、ネットに入れた豚肉をのせる。

2 肉を味噌で包みラップでくるむ。ネットの口は手前に。

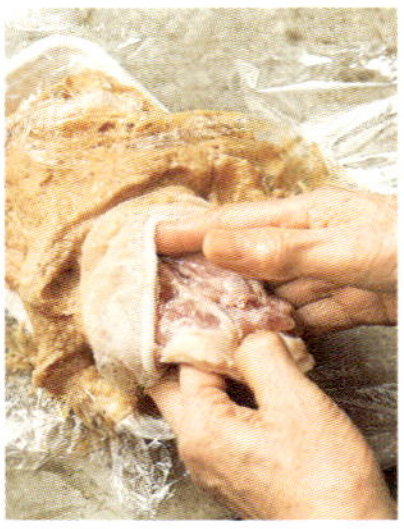

3 ネットの口を手前に引き、肉を取り出す。

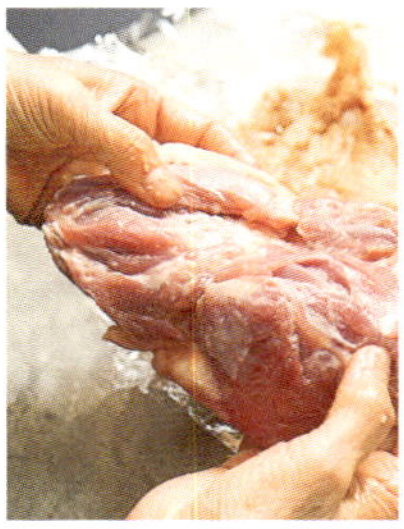

4 味噌は3回ほど使える。緩くなったら味噌をたす。

愛用する台所道具。

魚のフライ

材料(3〜4人分)
魚の切り身(好みの魚)3〜4切れ、薄力粉・卵・パン粉各適量、揚げ油適量。付け合わせ〈プチトマト15〜20個(2つに切る)、パセリみじん切り大さじ1、レモン1個、塩・コショウ各適量〉

作り方
1 切り身に薄力粉を付け、次に卵、パン粉の衣を付ける。**2** 揚げ油を熱して中温に、揚げ網にフライを並べ入れる。軽く色づいてきたら、いったん上げ、持ち手にのせておく。この間に、余熱で中まで火が通る。**3** 下の油が180℃くらいになったら、再び揚げ網ごと戻し、こんがりしたら取り出す。**4** プチトマト、パセリ、レモン汁、塩・コショウを混ぜる。**5** 皿にフライと**4** をのせる。

かぶのオイル蒸し

材料(2人分)
かぶ1束、さやいんげん適宜、にんにく1かけ、オリーブオイル大さじ3、塩・コショウ各適量

作り方
1 かぶは食べやすく、できれば皮ごと切る。茎や葉先もざくざく切る。**2** 鍋に全部入れ、塩・コショウ、オイルをかけて蓋をし、中火で5、6分蒸し煮。かぶに火が通ればよい。

● クリステルの深鍋

クリステルの深鍋は収納も楽。直径14cm1万4040円から24cm2万8080円まで(Lシリーズ)、2cm刻み6サイズ。チェリーテラス代官山☎03・3770・8728 FAX03・3770・5268 http://cherryterrace.co.jp/

● 鉄製の揚げ鍋

鉄製の揚げ鍋。鍋の柄の、この高さに揚げ網をかけるから、二度揚げが楽に。揚げ網とはね防止網とセットで1万2960円。ラバーゼ ☎0256・63・9711 FAX 0256・63・9710 http://labase.jp/

有元さんは、お気に入りの調理道具の使い方をあれこれ工夫し、納得のいくものがなければ、自分で作ることも多い。

「使いやすいって、いろんなことに応用できることですよね。それと、使うって、出し入れから始まって、使って、洗って、収納するまでの一連の作業だから、そのあたりが面倒臭いと使わなくなってしまうことがあります。それに、誰が洗ってもきれいになることも大事です。いい道具は条件が、厳しいんです。こんなものを作りたいとお話をすると、最初は作り手の方に言われました。『そんなの考えたこともない』って。でも、製品ができてから、そのあと『使ってるんですよ、僕』なんて言われたりすると、わーっ、この方、料理するようになったんだって、うれしいですね」

いんげんの グリーンソースサラダ

材料(2人分)
いんげん150g、グリーンソース〈バジル2本、フェンネルの葉適量、イタリアンパセリ5〜6本、オリーブオイル大さじ4〜6、塩・コショウ各適量〉

作り方
1 いんげんは茹でる。2 グリーンソースの材料をすべてバーミックスのアタッチメントのスーパーグラインダーに入れてなめらかにする。3 いんげんに適量のグリーンソースを加えて混ぜる。

バーミックス

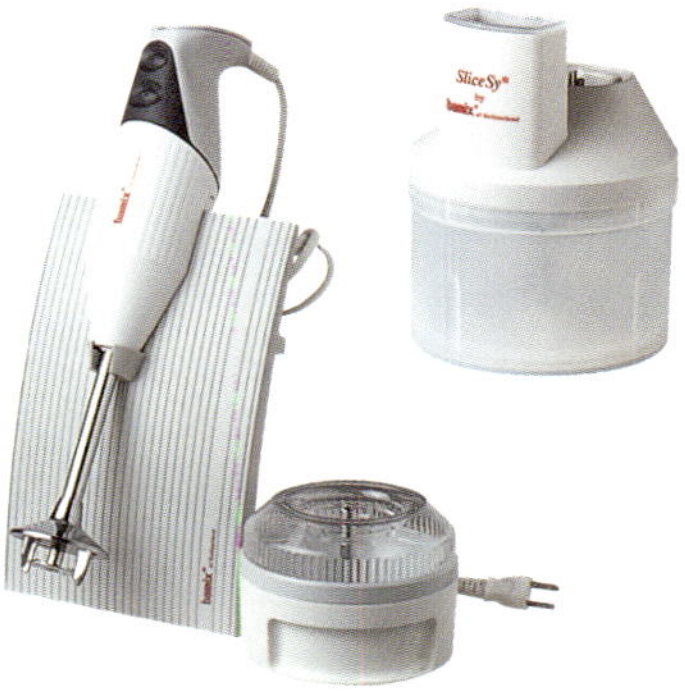

バーミックスM300ベーシックセット。2万8620円。右上は、バーミックスをセットしてフードプロセッサーとして使えるバーミックス・スライシー。1万1880円。チェリーテラス代官山

ハンバーグ玉ねぎドレッシングがけ

材料(2人分)
牛ももかたまり肉(肩肉等好みの部位)250g、玉ねぎ½個、にんにく1かけ、卵小1個、塩、コショウ各適量、パン粉は好みで(入れなくても良いが、入れるなら¼カップ以下)

作り方
1 牛肉は2cmの角切り、玉ねぎはざく切りにしておく。2 スライシーに、玉ねぎ、牛肉をそれぞれ別々にかけて粗く挽く。3 牛肉、玉ねぎ、にんにくみじん切り、卵、パン粉、塩・コショウを入れてよく混ぜ、小判形に中高にふっくらと形作り、オリーブオイル(分量外)を塗る。4 フライパンを熱してハンバーグを入れ、焼き色をつけ、これを200℃のオーブンに入れて表面がこんがりとするまで約10〜13分焼く。

かたまり肉から自分で挽き肉に。

「おいしいですよ、挽き肉を買ってくるんでなく、かたまり肉を挽いて作ると。バーミックスで挽く場合、300gだとギリギリで、250gがいちばんやりやすいです」

もっと多い場合は何回かに分けて挽く。

「せっかくかたまり肉から挽くのだから、粗挽きぐらいがおいしいと思います。ハンバーグを焼くとき、普通、真ん中をへこませて、と言いますけれど、フライパンで焼いたあと、オーブンに入れれば、へこまさないほうがおいしいんです」

◆バーミックスを使ったハンバーグのたねの作り方。

1 材料をバットに揃えておく。「はじめは撮影用と思ってやってたけど、いいんです。忘れ物しないしね」

2 スライシーに、2cm角に切った牛肉を入れ、バーミックスで挽く。挽き具合は好きにできるが、やはり、粗挽きぐらいがおいしい。

3 こんなふうに、買ってきた挽き肉とは色も全然、違う。おいしくできるはずだ。

4 玉ねぎもスライシーで同様に。これも粗みじんぐらいにする。あまり細かいと、食感が乏しい。

◆玉ねぎドレッシング

空き瓶にざく切り玉ねぎ中1個、サラダ油1カップ、米酢⅓〜½カップ、塩小さじ1½、コショウ適量を入れてバーミックスにかける。

◆ハーブのグリーンソース

オリーブオイルはたっぷり入れる。ハーブ類の間にオイルが見えてくるまで。

バーミックスにかけてあっという間にこんなきれいなグリーンに。

土鍋

熱々でおいしいご飯と味噌汁を土鍋で食卓にドンと。

大根、油揚げ、芹の味噌汁

しっかりとっただしを土鍋に入れて温め、沸騰したら、あらかじめ、だしで溶いておいた味噌を入れる。溶かずに入れて中で溶くと時間がかかるので、溶いておくのだ。味噌を入れたら、具を入れ、ここでもう火を止める。土鍋は蓄熱に優れていて、これでいい具合に具に火が通る。

ご飯

180ccの研いだお米に対して水1カップを入れ、20分浸してから火をつけて、中火よりやや強い火で、ふいてくるまで炊く。ふいてきたら、3分間はそのまま、ふいた状態にして、3分後に火を止める。止めたら19〜20分、そのままで蒸らす。(ご飯、味噌汁ともに長谷園の土鍋を使った調理法)

「私の究極のおもてなしは贅沢な粗食。極上の材料でだしをとって、極上のお味噌を溶くと、味噌汁は、長ねぎだけでもおいしいんです」

土鍋でなくてもいいけれど、土鍋で作ると、

「30分たっても、まだ温かです。で、味噌汁が土鍋でドンと食卓に出てくるほうが、おいしそうだし、楽しいでしょう?」

ご飯はなんといっても、おいしいお米。味噌汁は、だしとお味噌です。そのまま食べてもおいしいような煮干しを手に入れて。

「煮干しの頭、入れていいんです。頭は骨だから骨からいいだしが出るでしょう?」

取り除くべきはハラワタだけ。

「頭の部分の顎の辺りに、ハラワタの続きみたいなところがあるんですよ」

それを取る。それこそが肝心なこと。

「私は水出しです。煮出しは苦手。煮出すとすっきりさがなくなる。昆布もそう」

鰹節の場合は1袋買ったら、全部使って一気にだしをとり、使い残っただしは冷凍しておく。鰹節はすぐに味が落ちてしまうから。

「土鍋におだしを入れて、温めて、ふいてきますね。そうしたら、溶いたお味噌を入れて、具を入れて、火を止めて、蓋して2分。これだけ」

有元さんは、赤味噌と白っぽい味噌を昆布を境にしてひとつの容器に入れている。

「お味噌がなくなったら、昆布も刻んで、食べてしまいます」

具は千六本の大根、油揚げと芹。大根も揚げも細く、繊細に切って。具の切り方で、まるで味が違う。

有次《ありつぐ》

銅製両手段付鍋

銅製両手段付鍋。16cmから30cmまで7サイズあって、16cmが2万5920円～30cmが6万4800円。有次　京都市中京区錦小路通御幸町西入ル　☎075・221・1091

玉川堂《ぎょくせんどう》

鎚起銅器《ついきどうき》の湯沸し

鎚起銅器の湯沸し。1.4ℓ 7万5600円。玉川堂　新潟県燕市中央通2-2-21　☎0256・62・2015
(2016年1月14日時点の価格です)

鍋の底の丸みがいい。煮汁がいい具合にまわってくれる。

「銅のお鍋って、すごく使いやすいの。火のまわりがゆるやかで、保温力もいいし。切り干し大根と厚揚げを煮ている、この有次のお鍋は底のカーブがとてもいいので、煮汁がいい具合まわるんです。この丸さがね。底が角になっていると、なかなかまわりにくいんです」

煮物に限らない。炒めてよし、茹でてよし、何にでもいい。手入れは特別なことはない。

「お値段は高いけれど、一生、使うことを考えればね。お鍋って、そんなにたくさんもってなくていいんだから、家族3～4人だったら、大きめのを買ってみてもいいんじゃないかしら?」

もし、2人でも、煮物はいっぺんに多めに作るし、人が来るときのことを考えたら、大きめの鍋は欲しいところだ。

「和食を作るときは、気分的にだけでなく機能的にもこの銅のお鍋がいいんですね」

この写真からもクツクツ煮えている匂いが漂ってきそうな気がするし、切り干し大根と厚揚げを口に入れたときの感触まで蘇ってしまう。

「やっぱり煮物に向いているんですね。こういういいところのある道具は、とても好きですね」

一人の職人さんが全工程、丸ごと作る、沸騰したお湯もはじけないやかん。

「他のやかんと全然違う。注ぐとわかるんです。沸騰したお湯だと、パシャパシャ飛沫が飛び散るでしょう? それがないの。しかも、絶対たれないの。200年、そこまで考えて、作ってこられたんですね。素晴らしいですよ」

新潟・燕三条の玉川堂製。玉川堂独自の、鎚《つち》で打ち起こしながら作り上げていく技法は無形文化財になっている。その昔から作り続けてきたやかんをもとに有元さんがいろいろと提案し、この写真のオリジナルが出来上がった。

「これで沸かすと、おいしいですよ。1日汲みおくと、よりいいみたい。で、早く沸く。蒸気機関車のように湯気がシュッシュと出て、気持ちいいの。しかも、保温力がすごい。いいことずくめなんです」

さらに、表面の仕上げのおかげで、手入れも簡単。乾いた布で拭くだけでいい。

「あったかいうちに拭くといいんです。最初は太閤秀吉の黄金の茶室か、というくらいピカピカの金色だったんです。使っているうちに、こうなるんです。それで、もしも空焚きしちゃったら、持ってきてください、と言ってくれるの。やっぱり人ですよね。いいものは、長く使いたいから直せるとありがたい」

無水鍋

機能性を追求した無水鍋。私のいちばん好きな鍋です。

卵蒸し

材料（3～4人分）

卵3個、昆布だし2¾カップ、菜の花（青菜）・えび・あさり各適量、酒小さじ2、塩小さじ⅔、醤油少々

作り方

1 溶き卵、昆布だし、酒、塩、醤油をよく混ぜたものを、丼に入れる。**2** 無水鍋に水を入れて熱し、蒸気が上がってきたら、**1**を入れて蓋をして蒸す。**3** あらかた卵が固まってきたら、えびとあさりを入れる。えびが赤くなったら、菜の花を上にのせて、さらに蒸し上げる。

2卵が固まりかけたところで、えびやあさりを加える。

1ときどき蓋を開けて蒸気を逃がし、すがたたないように注意する。

ローストチキン

材料（3～4人分）

鶏1羽、オリーブオイル大さじ4、にんにく1かけ、塩適量

作り方

1 塩とおろしたにんにくをこすりつけてからオリーブオイルをまぶした鶏を無水鍋に入れ、蓋をして、20分中火にかける。

2 ひっくり返してさらに約30分弱火にかける。

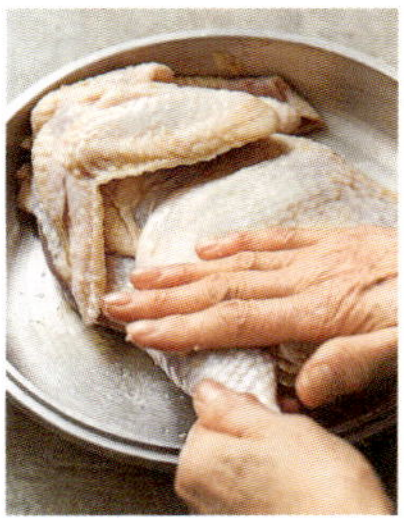

マッサージするように、おろしたにんにくと塩をすりこむ。

「道具はなるべく少なくしたいと考える人には無水鍋がぴったりです。大小あれば、炊く、茹でる、煮る、焼く、蒸す、揚げる、炒めるなど、蒸し器やオーブンとしても使える。ほとんどすべての料理ができるんです」

鍋の密閉度が高いので蒸気を逃がさず、素材の持っている水分で加熱。素材の栄養分もうまみも逃さず短時間で出来上がる。

「沸騰するまでは強火、その後はごく弱火で。省エネであるところもうれしいですね」

ローストチキンは手間なしなのに皮がパリッ、中はジューシー。卵蒸しもとてもなめらかな仕上がりだ。

「両方とも蓋を下にする鍋の逆さ使いだと作業がラクです」

無水鍋が大小あれば、ほとんどの料理ができる。アルミニウム鋳物製20cm9,504円　24cm1万1664円　生活春秋☎082・239・1200　FAX082・239・1201　http://www.musui.co.jp/

ラバーゼのボウル

クターッとなった
野菜を入れて、
冷蔵庫に入れておくと、
生き返る。

下ごしらえしたものを、こうして重ねて置いておくこともできて、場所とらず。

クターッとなってしまった野菜、ハーブによく水を吸わせて、水を切り、このボウルに同じサイズのざるをかませて入れ蓋をして、冷蔵庫に入れておくととれたてのようにシャキッとする。

ステンレスボウル。大・直径27cm3,888円、中・21cm2,916円、小・15cm2,376円。プレート（ボウルの蓋にもなる）大2,700円、中1,944円、小1,620円。ざる（ボウルとスタッキングできる）小・直径15cm2,376円。ラバーゼ☎0256・63・9711　FAX0256・63・9710　http://labase.jp/

蓋と網も揃って、
多目的に使える。
蓋でラップ要らず。
かつ重ねられる。

ラバーゼのバット

サイズは1種類だけ。材料を切っておいたり、揚げ物に使ったり、魚に塩を振っておいたり。ケーキ型にも。蓋は蓋としてだけでなく、浅いトレイとして使える。

ステンレス製。バット20cm×24.9cm×4.3cm3,240円、角ざる20.2cm×24.9cm×3.4cm2,376円、蓋になる角プレート25.4cm×20.5cm×1.7cm2,700円。スタッキングができる。ラバーゼ

ラバーゼの包丁

ラバーゼのまな板

包丁は手になじんで
切れるのがいちばん。
まな板は、
すぐ乾くのがいちばん。

材質がゴムの木のまな板は、乾くのがすごく早い。乾きが早いと戸棚に収納することができる。包丁のハンドルはオリーブの木。

三徳包丁165mm1万800円。まな板5,400円。ラバーゼ

野菜はまるごと、皮ごと食べるのがおいしい。

野菜も皮がおいしい。魚と同じ。でもでもっ、玉ねぎも皮をむかないでいいのだろうか。

「むかないほうがいいの。むいて焼くと、表面が乾いてしまうでしょう？　焼いてパリパリになった皮をむけば、中はほっくり、おいしいんです。1人1個、食べられるの。にんにくもねっとりと出来上がるので、他の野菜につけたりとか、パンに塗ったりして食べるの。最初は玉ねぎだけを焼いたんです、暖炉の火でね。それがおいしくて」

有元さんのイタリアの家で。でも、日本だと暖炉がないので、オーブンで焼いているうちに、だんだん他の野菜も仲間入りしてきて、あ、結局、何でもおいしい、となった。

「蓮や長芋もおいしいですよ。あと里芋。私は練りごまとお味噌で、ちょっと甘くしたのをつけて食べます」

まるごとだから焼くのに少し時間はかかる。が、その間、他の料理にとりかかれる。それを作っているうちに、ほら、もう焼き上がり。ここで初めて、切る。

「大ぶりにね。カボチャは、ちょっと包丁で切れ目を入れたら、手で割ってしまいます。切り口がスパッときれいなのより、割ったり裂いたほうがオイルや塩がよくからむんです」

それを豪快に盛り、オリーブオイルをかけてバルサミコ酢をかけ、ザラッとしたあら塩とコショウを振れば、

「立派にメイン料理でしょう？」

「どれも、『私、料理できません』とは決して言えないくらい簡単。手をかける料理もおいしい。でも、こういうのを知っているのといないではずいぶん違うでしょ。人を招いたときとか、疲れて帰ってきたりしたときにね。だから、こういうのもあるって知らせたいんです」

この料理は材料選びも大切になる。

「ただ、皮が安心して食べられる野菜でないとだめなんですけど、食べる人が注意していれば、作り手もちゃんとするのね。それを私は期待してるんです」

パプリカ、玉ねぎ、さつま芋、カボチャ、にんにく、にんじんのオーブン焼き

材料

パプリカ　2個
玉ねぎ　1個
さつま芋　1個
カボチャ　¼個
にんにく　1個
にんじん　1本
オリーブオイル　大さじ3
バルサミコ酢　大さじ2
塩　適量
コショウ　適量

作り方

1　野菜は洗っただけで皮付きのままオーブンへ。いちばん硬いものにスッと串が通ったら出来上がり。

2　大ぶりに切ったり割ったりして、オリーブオイルをかけ、バルサミコ酢をかけ、塩、コショウを振る。

ズッキーニとじゃが芋のフライパン焼き

皮つきの野菜のおいしさを手軽に味わって。

材料(2人分)
ズッキーニ　1本
じゃが芋　2個
オリーブオイル　大さじ3
塩　適量

作り方
1　フライパンにオリーブオイルを入れて、じゃが芋を皮ごと厚めの輪切りにして並べ、弱火でじっくり焼く。
2　少しじゃが芋に色がついたら、縦2つに切ったズッキーニを入れて焼く。
3　ズッキーニに焼き色がついたら、皿に盛る。熱いうちに塩をかける。

弱火で気長にゆっくり焼くことで、じゃが芋の皮がパリパリに。

山のようなキャベツが、すっかり空になるのも、あっという間の出来事。

蒸しキャベツ

材料（2人分）
キャベツ　½個
ベーコン　80g
塩　適量
コショウ　適量

作り方
1 おおまかにザク切りにしたキャベツとベーコンを鍋に入れて、塩を振り、水を鍋の底1cmほど入れて、蒸し煮にする。
2 皿に盛って、コショウを振る。

こんなにあって大丈夫か？　というくらい作らないと後悔する。

だしは不要。水を加えて落とし蓋をし、煮立ったら弱火にする。

ピーマンの青い香りが、
カボチャにうつって、
大人っぽい煮物に。

カボチャとピーマンの煮物

材料（4人分）
カボチャ　½個
ピーマン　8個
ごま油　大さじ1強
醤油　大さじ2
砂糖　小さじ2

作り方
1 鍋にごま油を入れ、油が熱くなってきたら、大ぶりに切ったカボチャを炒め、油がよくまわったら、ピーマンをまるごと入れる。
2 鍋の中でカボチャとピーマンを分け、カボチャにだけ砂糖をかけて、醤油を全体にかけまわし、水を加えて落とし蓋をし、煮立ったら弱火にする。
3 カボチャに火が通るまで煮る。

塩漬けする、マリネする。

「塩漬けは、やってみると、とても面白いの。キャベツの千切り、セロリ、ラディッシュ、何でもいいんです」

ただし、一緒に漬けない。みんな別。

「バラバラに漬けておくと、そのつど自分で組み合わせられるじゃない？　ラディッシュも実と葉に分けて、漬けます」

65ページのように、二杯酢和えを作りたいときも、塩漬けがあればすぐ間に合う。

「きゅうりの漬けたのなんて、豚肉と炒めてもおいしいんです。普通、きゅうりと炒めるとシナーッとするでしょ。塩漬けなら塩で水分が出てしまってるから、カリカリになるんです。重ねられるバットにそれぞれを入れて、塩を一振りして、ラップを落とし蓋みたいにしたら、次々に重ねていくんです。そうなの、バット自体が重石になるんです」

で、半日か1日おく。塩加減は、ちょっと齧ってみて、しょっぱいな、というくらい。が、万一、塩辛くても、食べるときにサッと洗えば問題ない。

「豚肉も漬けるとおいしいの。これは肩ロースですけど、バラ肉でやってもいいですよ。かたまりのまま、あら塩をすり込んで冷蔵庫で3日ぐらい。これ、いろいろな料理にも使えるんです」

豚肉を漬けておく目安は3日間だが、水がけっこう出て茶色っぽくなったら、大丈夫。

塩漬け豚

1

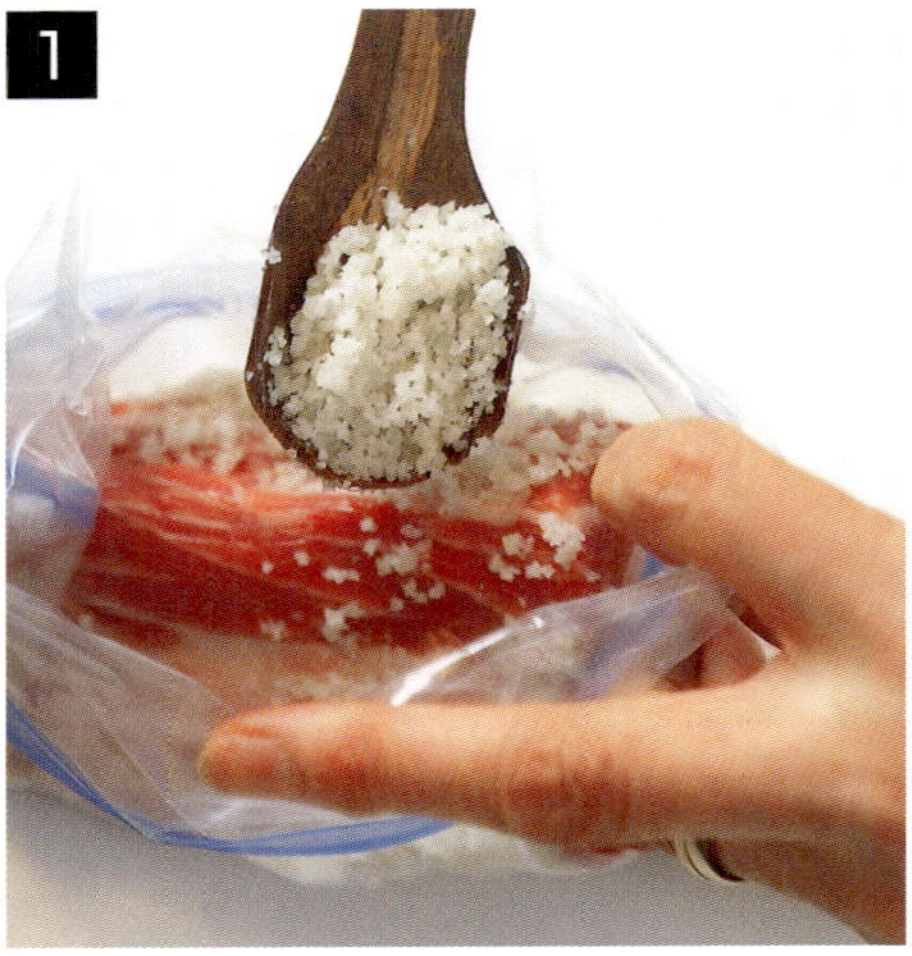

ジッパー付きのビニール袋に豚肉をかたまりのまま入れ、あら塩を大さじ3杯くらい入れて、もみ、すり込む。豚肉や脂ののった魚には、あら塩がおいしい。

2

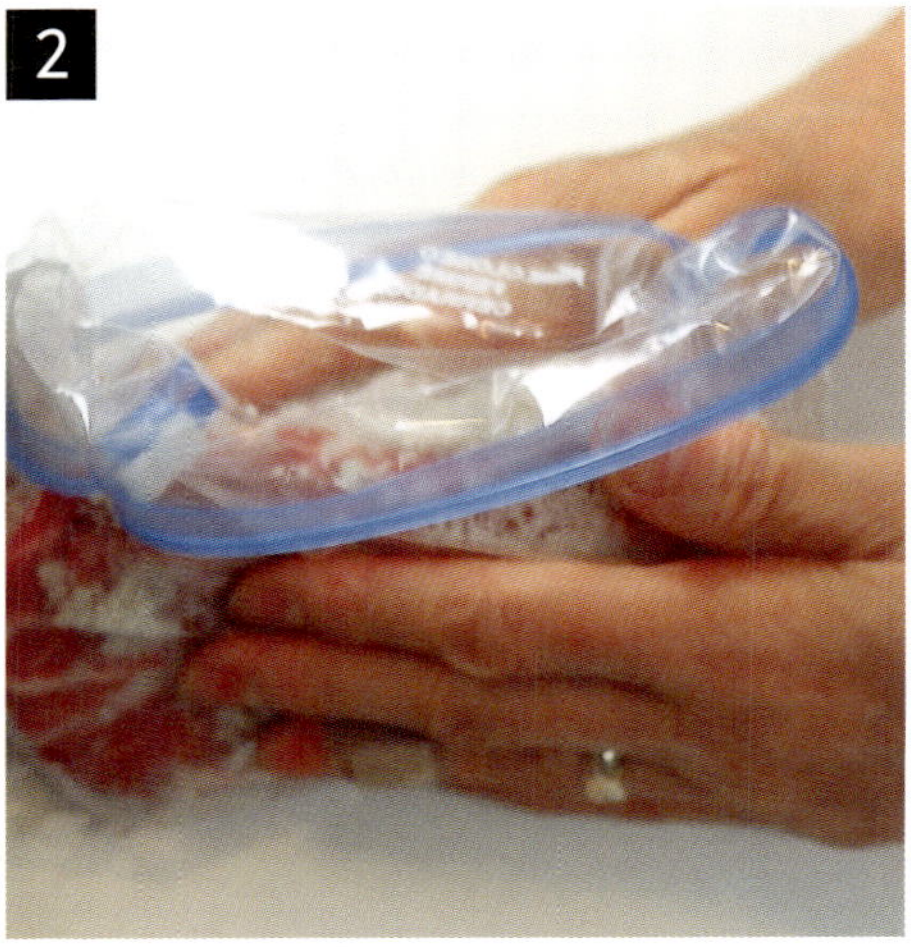

これで冷蔵庫に入れる。ローズマリーとにんにくを入れて、一緒に漬け込んでもおいしい。後で中華風にも使いたければ、塩だけがいい。

3

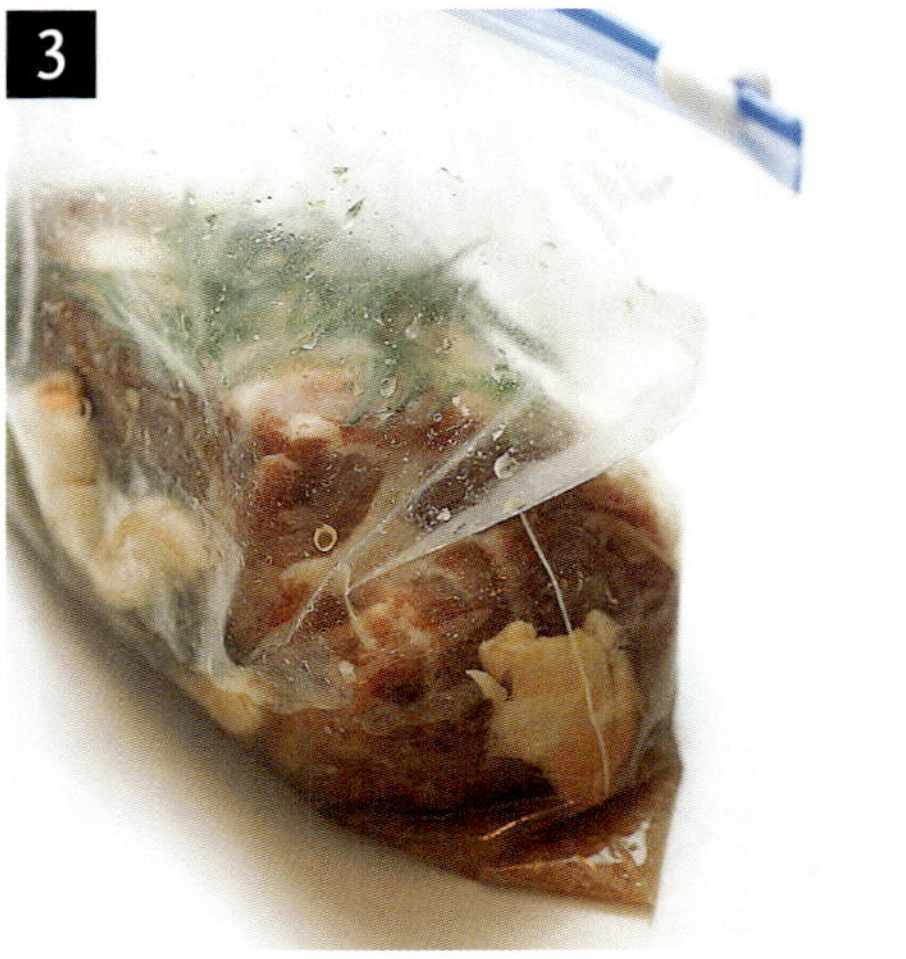

「ほら、こんなに水分が出てる。これくらいになればいいんです」。色も、いかにも『漬かってます』、という色になっている。「生ハムの一歩手前みたいよね」

塩漬け豚焼き

焼いた塩豚を
生の野菜ではさんで
塩味をゆるめる。

●材料（4人分）
豚肉の塩漬け　200〜300g
キャベツ　4〜6枚
赤玉ねぎ　½個
オリーブオイル　大さじ3
コショウ　適量

●作り方

1　塩豚を薄く切って、フライパンにオリーブオイルを入れて焼く。
2　コショウを振って、キャベツ、豚、赤玉ねぎ、キャベツ、豚、赤玉ねぎと段々に重ねて、器に盛る。

みるみるうちに焼けてしまうので、おっとりしていてはだめ。焼きすぎては、もったいなさすぎるので。

塩漬け茹で豚

かたまりがかぶるくらいの水を入れて、蓋をし、茹でる。この茹で汁が貴重。スープになる。

茹でるとおいしいし、
保存も可能。
茹で汁はスープになる。

材料（4〜5人分）
塩豚のかたまり　600〜800g
青ねぎ　1本
柚子コショウ　適量

作り方
1　塩豚をかたまりのまま、かぶるくらいのお水に入れて、蓋して、茹でる。
2　串を刺してみて、茹だったら、火を止めて、そのまま冷めるまで、汁の中に入れおく。しっとり仕上がる。
3　スライスして、細切りの青ねぎと柚子コショウで食べる。

かたまりで茹でたのを薄く切って、細ねぎと柚子コショウで食べる。奥の茶碗は、茹で汁そのままのスープ。黒コショウで味を調えるだけ。具はいらない。豚からいいうまみと塩味が出ているので、もう充分。

マリネは、いろいろ便利。

ささっと何品も料理を作らなければならないときに役立つのが、野菜のマリネ。

「作り方も何もないんです。きゅうりと玉ねぎを塩して一晩おいて、ほとんど水が出てるので、気持ちだけ絞って。塩はしてあるから、もうよくて、オリーブオイル入れて、あとはレモンでもビネガーでも米酢でもいいから入れて」

コショウを挽き入れて、

「ザッと混ぜて。これだけで食べてもおいしいんです。薄く切らないのがコツなのね。きゅうりも玉ねぎも両方ともザクザク」

アレンジしても、またおいしい。

「茹でた豆でもじゃが芋でもすごく合いますので。あとはパセリ入れたり、コリアンダー入れたり、好きなもの入れていただいて」

挽き肉もマリネして、1日ぐらいおいといてから料理したほうがおいしい。

「玉ねぎもけっこうザクザクに切って。生のまま挽き肉と合わせて、味付けをし、オリーブオイルを加え、とにかく混ぜればいいだけ」

挽き肉のマリネは、冷蔵庫で2~3日はもつ。

「こうしてマリネしておけば、時間がなくても冷蔵庫から出して焼けばいいので、楽ですよね。無駄がないし」

きゅうりと玉ねぎの塩マリネ

きゅうりも玉ねぎも、薄く切らないのがコツです。

材料(4人分)

きゅうり　2本(5㎜幅くらいに切る)
赤玉ねぎ　中1個
(半分に切り芯を取り、5㎜幅くらいに切る)
塩　大さじ1
A オリーブオイル　大さじ2~3
　酢　大さじ1
挽きたての黒粗挽きコショウ　適量

作り方

1 A以外の材料をボウルに入れて、よく混ぜ、蓋をして2時間以上、冷蔵庫に入れておく。
2 水気がたっぷり出てきたら絞り、Aを加えて混ぜ、蓋をして冷蔵庫へ入れる。このままいただいてもよいし、アレンジもできる。2~3日保存可。

クスクスのサラダ

きゅうりと玉ねぎの塩マリネにクスクスを混ぜるだけ。

材料（4人分）
クスクス　1カップ
熱湯　1〜2カップ
オリーブオイル　大さじ2
きゅうりと玉ねぎの塩マリネ　4人分
パセリの粗みじん　3本分
レモン汁　½個

作り方
1　クスクスを鍋に入れ、熱湯を全体が湿るまで加えて全体をしっとりさせ、蓋をして10分おく。
2　オリーブオイルを**1**に加えて弱火にかけ、サラサラになるまで煎る。
3　**2**をきゅうりと玉ねぎの塩マリネに加え、パセリの粗みじん、レモン汁と混ぜる。

クスクスを戻すのは簡単です。

トマトの和風味サラダ

醤油をひと回し、
青じそを入れると
ご飯のおかずになります。

材料（4人分）
トマト　大1個
青じそ　15枚
きゅうりと玉ねぎの塩マリネ　4人分
醤油　大さじ1
オリーブオイル　大さじ2

作り方

1　トマトは食べよく切り、青じそを大まかにちぎる。

2　1にきゅうりと玉ねぎの塩マリネを加え、オリーブオイルと醤油を加え、混ぜる。

アボカドのサラダ

アボカドに
マリネを合わせれば、
洋風な一皿。

材料（4人分）
アボカド　2個
きゅうりと玉ねぎの塩マリネ　4人分
レモン汁　1個分
オリーブオイル　大さじ2

作り方
1　アボカドを食べよく切り、レモン汁を混ぜる。
2　1をきゅうりと玉ねぎの塩マリネに加え、オリーブオイルを加え混ぜる。

サルシッチャ風マリネ

生のハーブを混ぜて、イタリア風に。じゃが芋と一緒に。

材料(4人分)

豚肩ロースかたまり　400g
A 玉ねぎ　½個(粗みじん切り)
にんにく　2〜3かけ(みじん切り)
ローズマリーの葉　大さじ1½(刻む)
タイムの葉　大さじ1(刻む)
黒粗挽きコショウ小さじ1〜2
塩　小さじ1½

オリーブオイル　大さじ2
じゃが芋　4〜5個

作り方

1　豚肉は2㎝角切りくらいにし、フードプロセッサーで粗挽きにする。

2　1にAの材料を加えてよく混ぜ、5〜6時間、冷蔵庫に入れてマリネしてから使う。口当たりを柔らかくしたい場合は、卵小1個、パン粉大さじ3ほど入れる。

3　じゃが芋は皮ごと半茹でにし、2つか3つに切る。

4　丸めた挽き肉のマリネとじゃが芋を交互に耐熱容器(フライパン)に入れ、オリーブオイルを回しかけて、200〜210℃でこんがりと、焼き目がつくまで25分ほど焼く。

チョリソ風マリネ

辛みを加えて、スペイン風味のソーセージ。

●材料（4人分）

豚肩ロースかたまり　350g

A 玉ねぎ　½個（粗みじん切り）
　にんにく　2〜3かけ（みじん切り）
　パプリカ　大さじ山盛り1
　カイエンヌ・ペッパー　小さじ1½
　（辛いのが苦手な方は減らすか、入れない）
　黒粗挽きコショウ　小さじ1〜2
　塩　小さじ1½

オリーブオイル　大さじ2
香菜　1束
ミント　5本
レモン　1個

●作り方

1 豚肉は2cm角切りくらいにし、フードプロセッサーで粗挽きにする。

2 1にAの材料を加えてよく混ぜ、5〜6時間、冷蔵庫に入れてマリネしてから使う。口当たりを柔らかくしたい場合は卵小1個、パン粉大さじ3ほど入れる。

3 2の挽き肉のマリネをソーセージ形にまとめて、オリーブオイルでこんがりと焼く。フライパンでもオーブンでも可。オーブントースターで焼くなら平べったくまとめる。香菜やミントとレモンを添えて。

自家製調味料をおすすめします。

ポン酢

牛肉のしゃぶしゃぶ 大根おろし添え

材料(2人分)
牛肉しゃぶしゃぶ用150g、大根おろし10cm分、ポン酢¼カップ、黒七味適量、青じそ8枚分千切り

作り方
1 薄切りの牛肉はサッと茹で、ポン酢をかけまわして、ちょっと和えておく。**2** 牛肉を深皿に盛って、大根おろしをたっぷりかけて、ポン酢をかける。**3** 青じそ、黒七味を振る。

醤油とだしを合わせ、そこへカボスとすだちの搾り汁を入れる。

麺つゆ

鍋にみりんを入れ、火にかけて沸騰させて煮きる。醤油、だしを加えて、弱火で2〜3分加熱し、火を止める。だし：みりん：醤油は4：1：1の割合で合わせる。麺つゆは冷凍しておくと便利。

たたきゴボウ

材料(3〜4人分)
ゴボウ2本、麺つゆ約½カップ(ゴボウの太さや長さによって加減する)、唐辛子1〜2本、みりん少々、ごま油適量、酢少々(アクとり用)

作り方
1 麺棒でゴボウをたたき折る。**2** 鍋にごま油を熱し、ゴボウ、半分にちぎった唐辛子、麺つゆ、みりんを加え、蓋をして煮含める。

「マヨネーズやポン酢も家で作るとおいしいのよ。ポン酢も家で作るのは柑橘類を搾って作るんです。だから香りがいいの。柚子とかカボス、すだち、だいだい。だいだい、すっごくおいしい。どのみち、あんまり甘くないのがいいですよね。グレープフルーツだと少々甘いかも。あと、お家でみかんを作っている方は、まだ青いうちに穫って搾るといいですよ」

マヨネーズも家で作ると酸味が利いて、爽やかなものができる。お酢はワインビネガーを使うが、別に自分の好きなお酢でいっこうにかまわない。

「油は、全部をオリーブオイルのフレッシュにすると苦味が出ますので、サラダ油、もしくはごま油と半々で」

ポン酢もマヨネーズも買ってきちゃえば簡単なのに、と思うかもしれない。

「でも、楽なことは楽じゃないの。確かに、そのときは楽かもしれない。でも、一度、自分の好きな味のを作れると知ったら、『ちょっと違うな』と思って食べるの、つまらないじゃない」

カリフラワーのマヨネーズ添え

材料(4〜5人分で数回使用可)
卵黄または全卵1個、オリーブオイルとサラダ油か太白ごま油を合わせて1カップ、酢大さじ1、塩小さじ1、コショウ適量、蒸したカリフラワー

作り方
卵、オイル、酢、塩、コショウをミキサーかバーミックスで混ぜる。バーミックスの場合は、卵を常温に戻しておくことと、卵黄の真ん中に刃を置いて、卵黄を押し潰すようにしてスイッチを入れると、失敗がない。ミキサーの場合は、最初から油を全部入れないで、まわしては、少しずつ入れる。ミキサーなら、にんにくも一緒に入れて、ガーリック・マヨネーズ、ハーブを入れて、グリーン・マヨネーズもできる。

バーミックスは、刃を卵黄のど真ん中に、押し潰すように当てる。うゎーん、と混ざってきたら、刃を上下させる。

ミキサーの場合は、回らなくなってきたら、出来上がり。回らなくなるのが目安だ。

わかめとラディッシュの二杯酢和え

材料(4人分)
わかめ50g、塩漬けしたラディッシュ8個分、おろししょうが1かけ

作り方
わかめ、ラディッシュ、おろししょうがを二杯酢で和える。

鰹節だしと醤油、酢、塩ちょっと、これを混ぜれば二杯酢。だし、醤油、酢の割合は、味見しながら決めるのがいちばん。

密閉袋とバットで、おいしい漬物を作る。

「専用の漬物容器がなくても、密閉袋と同じサイズのバット2つさえあればおいしい漬物を作れます」。密閉袋に野菜と塩を入れて軽く揉み、袋ごと2つのバットではさむ。上から漬物石がわりに重いものをのせ、冷蔵庫に保管。季節の野菜で味わえる。「ほんのりほろ苦い菜の花の漬物は春の味わい。ご飯のお供にも酒の肴にも重宝します」

菜の花の漬物

材料 菜の花1束、塩3%(菜の花の重さに対して)

作り方 1 密閉袋に適当な大きさに切った菜の花と塩を入れ、少し揉んで水気が出てきてから、同サイズのバットで上下からはさむ。2 上に重いものをのせて、そのまま冷蔵庫に。2〜3日たってからいただく。

万が一、水が漏れたときのことを考え、袋の口は上に折り返しておく。

干し野菜は調理が簡単、おいしい。

「いちばん最初にやったのが茄子《なす》だったと思います。ちょっと天日で干してみて、揚げたら、すごくおいしかったの。で、野菜を無駄にしないで食べられるじゃない？　買ってきて、余りそうだったら干しとけばいいんだから」

使い忘れて、あららら、にならないですむのは、本当にうれしいこと。

「干したものって、干からびたようなものと思うでしょ？　食べてみてほしいのね。ちょっと煮たり、炒めてみるとおいしいの。さっともどして絞って合わせ酢やドレッシングで和えるだけでおいしいし、生のときより味が濃くなって。半干しならもどさずに使えます。干すとおいしくなるって本当に不思議」

しかもズッキーニもきゅうりもゴボウもみんな生のときと違う顔になっている。触ると、カタコトいい音がする。

「音がするくらいまで干し上げるともちますね。ビニールに入れて保存できますが、半干しは保存できません」

その日、使う分だけもどせばいい。

「もどすといっても、お水につけるだけ。ちょっとしんなりするくらい。生にもどるわけではないんです。あまり水につけておくと、味も香りもなくなるので、しんなりしたら、すぐキュッと絞っちゃう。ものによってもどる時間が違って、そこがまた面白いの。目安は3〜4分ってとこだけど、食べてみるのがいちばんです。食べられればいい、です」

椎茸はにんにくとオリーブオイルで炒めて、パスタに入れても、そのままで食べてもいい。歯触りがよくなって、おいしくなっている。まるで生のときはまだ世間知らずだったのが、洗練されて大人になったみたいに椎茸の味が変わっている。

「そのときの思いつきで、いろいろな干し野菜を組み合わせて料理してもいいですよ。これがまた玄米に合うの。こういうものを食べて玄米食べて、青いお魚食べてれば、ヘンなことにはならないわね、健康的で」

 思いもよらぬ美しさ！ 何だかみんな、生のときより粋な洒落た感じになっている。下の真ん中が大根の、面取りして普通は捨てるとこ。

そして、3日目。

切って並べたばかり。

「これできゅうり3本分です。切り方は薄すぎず厚すぎず。2〜3mmぐらいかしら。とにかく重ならないようにザルに並べておけばいいんですね。きゅうりなどは平面にのせておくとはり付きやすいので凸凹したザルか金網ザルがいいです。日光に当てれば本当はいいんですけど、風通しがよければ大丈夫」。季節により温度や乾燥度が違うので、干し時間は気候に合わせて。触ってみて乾燥の具合を確かめることが大事。

適当な厚さに切って野菜を天日干し。水でもどして調理します。

前ページでザルに広がっていたのをもどして、キュッと絞ったところ。これだけになってしまう。

水につけてもどすのだけど、もどり具合は手で様子見て。そして食べてみる。食べられればいいので。

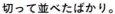

干しきゅうり、にんじん、セロリの甘酢和え

水でもどして、
甘酢で和えるだけ。
干し野菜の味は深い。

材料（2人分）
干しきゅうり　2本分
干しにんじん　½本分
干しセロリ　1本分
米酢　大さじ2
塩　ひとつまみ
メープルシロップ　小さじ2

作り方
1　干し野菜は水にひたしてもどし、ぎゅっと絞る。
2　1に酢、塩、メープルシロップを混ぜる。

干しレンコンと干しきゅうりの塩炒め

炒めたり、
熱を加えると
色がきれいにもどる。

材料（2人分）
干しレンコン　½本分
干しきゅうり　3本分
オリーブオイル　大さじ2
塩・コショウ　各適量

作り方
1　干しレンコンときゅうりは別々にもどし、ぎゅっと絞る。
2　オリーブオイルを温めて1を炒め、塩、コショウで調味する。
好みでにんにくをいれてもいい。レンコン、きゅうりはにんにく、オリーブオイルと合う。

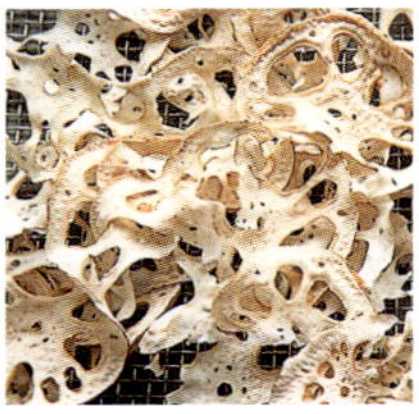

炒りなます

もどし時間が
それぞれ違うので、
食べて確かめて。

材料（4人分）
干しレンコン　½本分
干しにんじん　½本分
干しゴボウ　1本分
赤唐辛子　1本
いりごま　大さじ3〜4
ごま油　大さじ2
米酢　大さじ2強
醤油　大さじ1強
エキストラ・ライト・メープルシロップ
　大さじ1
塩　ひとつまみ

作り方

1　干し野菜は、それぞれもどし時間が違うため、別々にもどし、ぎゅっと絞る。

2　ごま油で1を炒める。粗切りの赤唐辛子、酢、醤油、メープルシロップ、塩を加え、ごまを振る。味見をして、甘みや塩味の足りないものを補う。

干しズッキーニのオムレツ

干し野菜は炒めると
おいしさが増す。
オムレツに入れて。

材料（4人分）
干しズッキーニ　2本分
オリーブオイル　大さじ1
塩　ひとつまみ
コショウ　少々
卵　4個
生クリーム　大さじ2（なくてもいい）
塩　ひとつまみ
コショウ　少々
オリーブオイル　大さじ2

作り方
1　ズッキーニはもどして、ぎゅっと絞り、オリーブオイルで炒め、軽く塩コショウ。これを生クリームを入れた溶き卵に加えて軽く塩コショウで調味し、オーブンを180℃に熱しておく。
2　直径18cmの小さいフライパンにオリーブオイルを温め、1を流し入れ、オーブンで15分ぐらい焼く。

干し茄子としその味噌炒め

味が濃くなっている
干し茄子は、
味つけが簡単。

材料(3人分)
干し茄子　5個分
ごま油　大さじ1½
酒　大さじ1
味噌　大さじ2
しその葉　20枚

作り方
1　茄子は水につけて、しんなりするまでもどす。
2　ごま油を熱し、ぎゅっと絞った茄子をよく炒め、酒を振る。
3　味噌を加え、よく炒め合わせて火を止め、しそをおおまかにちぎって加え、混ぜる。

干しにんじんと甘酢しょうが和え

甘酢漬けの
千切りしょうがで、
味をつける。

材料(1人分)
干しにんじん　½本分
甘酢漬けしょうが　½カップぐらい
黒ごま　適宜

作り方
1　干しにんじんは水につけてもどし、ぎゅっと絞る。
2　甘酢漬けしょうがは千切りにし、干しにんじんと合わせる。しょうがを漬けた甘酢を大さじ2くらい加えて混ぜる。黒ごまを振る。
●甘酢漬けの漬け汁だけで味をつけているので、味が足りなければ少し塩を補う。

干し椎茸のパスタ

水で充分もどした椎茸は肉厚で、食感が楽しめる。

材料（2人分）

干し椎茸　大6個分
（食べよく裂き、3〜4日干す）
干しトマト　5個分
にんにく　1かけ・赤唐辛子　1本
（各みじん切り）
オリーブオイル　大さじ2〜3
ペンネ　160g
（アルデンテ一歩手前に茹でる）
トマトソース　½カップ
塩・コショウ　各適量
パセリ　2本

作り方

1　椎茸は充分もどす。

2　オリーブオイルでにんにく、赤唐辛子の香りを出すように炒め、椎茸とトマト、トマトソースとパスタの茹で汁少々を加え、汁気が残る程度に炒め煮する。塩、コショウで調味。

3　パスタを加え、和えつつ火を通してアルデンテに。刻みパセリを振る。

大根と干しえびの山椒炒め

干し大根の葉も
いっしょに炒めて、
彩りよく。

材料（3〜4人分）
干し大根　½本分
桜えび　50g
しょうが（みじん切り）　ひとかけ分
ごま油　大さじ2
塩　少々
粉山椒　適量

作り方

1 大根は水につけてしんなりもどして、ぎゅっと絞る。

2 ごま油を熱して、まずしょうがを炒めたところへ大根を加えて、よく炒める。

3 桜えびを加えて、炒め合わせ、塩で調味して、粉山椒を振る。

大根は薄切りで干す。葉は付け根のところから切って、付け根ごと4つ割りにして干す。

キノコとほうれん草のパスタ

半干しの椎茸が、
味も歯触りも
まるで肉のように。

材料(2人分)
干し椎茸　10個
トマト　大1個
ほうれん草　5〜6本
にんにく　1かけ
スパゲティ　160g
塩　適量
オリーブオイル　大さじ3

作り方

1　鍋にオリーブオイルを温め、みじん切りのにんにくを炒め、次に半干しの椎茸を炒め、香りが出てきたら、ザク切りにしたトマトを加え、弱火にして、蓋をする。

2　トマトが少しクタッとなったところで、生のままのほうれん草を加える。

3　みるみるきれいな緑になるので、茹でたスパゲティを加え、ササッと混ぜ、塩をパラパラッと振る。

セミドライトマト

干したプチトマトは、色も鮮やかでおいしそう。パスタと和えても。

●材料（3～4人分）
プチトマト　30～40個
オリーブオイル・塩・ハーブ　各適量
にんにく　2～3かけ

●作り方

1　プチトマトは横半分に切り、親指と人差し指ではさんで押さえ、種を出す。切り口を上にしてザルに並べる。風通しのよい場所に3～4日干す。

2　1にオリーブオイル、にんにく、ハーブ、塩ひとつまみを入れて混ぜる。

●トマトは種を取る。種があると保存が利かず、腐りやすくなる。イタリアは種が入っているが、日本は湿気が多いので。ハーブはオレガノ、セージ、フェンネルなど、好きなものを。

セロリの葉っぱのふりかけ

干しセロリの葉は、ドライハーブとして焼いた肉や魚にかけて。

材料（3〜4人分）

干しセロリの葉っぱ　4本分
（パリパリに干す。干し足らなければ低温のオーブンで乾かす）
ちりめんじゃこ　⅓カップ
小さい桜えび　⅓カップ
醤油　小さじ2
いり金ごま　大さじ2

作り方

1 ポリ袋にセロリの葉っぱを入れて、細かく揉む。
2 ちりめんじゃこと桜えびを鍋に入れ、醤油を加えて乾煎りする。
3 2に1とごまを加えて混ぜる。

キッチンは、いつも片づいています。

料理を作りながら、台所がみるみる片づいていく。

「料理って、作って見せるのが目的ではないでしょ。料理を囲んで家族や友人と過ごす時間を楽しむ。そのための手段だと思います」

有元葉子さんの料理が、その手際も含め、とてもきれいなのは、そんな思いに支えられているからだ。

まず、有元さんが向かったのは、調理道具を収納した棚。そこからレードルやトング、菜箸などを選び、ツール立てに入れていく。

「料理の手順を思い描きながら必要なキッチンツールを決めます。イメージができていると、料理の動きと時間に無駄がなくなります」

調理台に、調理道具、バットやボウルに材料を準備したら調理開始。流れるように作業が進んでゆく。その一方で、調理器具がどんどん片づき、キッチンがきれいになってゆく。キッチンで目を引くのが、中段に何も置かれていないワイヤーラック。

「あえて置いてないの。ここにはね、調理途中のものを置いたり、盛りつける器を置いたり、キッチンツールを最終的にしまうまでの一時的な置き場にしたり……」

調理の流れで、どんどん役割が変わっていく便利なスペースだ。

「うちは狭いキッチンだからって諦めないで。狭いなりに、どうすれば効率のいい調理用具の出し入れができるのかゲーム感覚で考えてみては。私はそんなふうに楽しんでいます」

有元さんのキッチンには料理を手際よく進め、さっと片づけられる工夫が随所に凝らされている。

盛りつけが終わったときには片づけも終了。

素揚げ豚肉の醤油漬け

豚かたまり肉はひと口大に。揚げ鍋に油を注ぎ、中温で3〜4分、さらに高温で2度揚げ。かりっときつね色になったら頃合い。醤油と粗挽きコショウを合わせた漬けダレに揚げたての豚肉を浸す。皿にクレソンを敷き、漬けダレごと豚肉を盛る。

フェンネルのサラダ

フェンネルの葉、にんにく、塩、オリーブ油をハンドミキサーにかけ、グリーンソースに。薄切りのフェンネルを和える。

フリッタータ風かに玉

卵5〜6個をボウルに割り入れ、塩、コショウを適宜、加えたら、泡立て器でほぐす。フライパンを熱して油を引き、卵を流し入れる。少し焼けたらかにの身をちらし、オーブンで約10分、加熱する。加熱中に、付け合わせ用のしょうがの皮をむき、長細く切って針しょうがにする。焼き上がったら粗熱を取り、6〜8等分に切って皿に盛りつける。酢醤油につけ、たっぷりの針しょうがをのせていただく。

料理ができたときには片づけも完了。

1

材料は事前に揃えておく。
「同じ大きさのバットやボウルは使いやすいし、片づけやすいのね」

2

「料理の手順を思い描いて
道具を選ぶと、
作業の能率が上がるの」

3

付け合わせの野菜は
水を張ったシンクに浸して
シャキッとさせて。

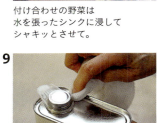

7

空いたバットやボウルを、
すぐにシンクに置いておきます。

8

オーブンで加熱。
次に手が伸びたのは、ごま油の缶。

9

「口の周りは使うたびに
拭いておかないと。
ホコリがつくから」

13

キッチンツールをふきんで拭いて、
そのふきんでシンクも洗う。

14

「最後に自分の手を拭いて。
そうね、
ふきんは徹底的に使います」

15

ふきん用ラック。
上は未使用、下に使用済みを入れる。

19

豚の肩ロースのかたまり肉を
ひと口大に切って、素揚げに。

20

「これは油が散らない揚げ鍋。
周りが汚れなくて掃除が楽なの」

21

2度揚げして、
かりっときつね色になったら、
すぐに漬けダレに。

25

揚げ鍋の網、ハンドミキサー、
バットを洗って、拭いたらラックに。

26

盛りつける皿や器も決めて
用意しておけば、スイスイいきます。

27

白い大鉢にクレソンを敷き、
漬けダレが染みた豚肉を
ゴロリと盛る。

その手順を追ってみた。

4

“ながら掃除”。
汚れたらすぐにふきんで。
いつも手にしてます。

5

ミトンを手に、
フライパンにごま油を熱していく。

6

卵を流して、
ほぐしたかにの身を並べ、
熱し始めたと思ったら……。

10

缶をしまったら、
付け合わせ用の
しょうがを切り始めた。

11

ゴミはすぐに捨てる。
空いたボウルは、さっとシンクに。

12

待ち時間に、
泡立て器、ボウル、バット。
どんどん洗っていく。

16

フリッタータ風かに玉完成。
フライパンごとラックへ。

17

付け合わせの
クレソンが入ったスピナーは、
しばし冷蔵庫へ。

18

使い終わった酢を戸棚にしまい、
次に必要な醤油を取り出します。
出しっぱなしにしない。

22

「ラックは調理の流れによって
どんどん役割が変わっていくの」

23

「ハンドミキサーでガーッと。
これも使った後の掃除が簡単なの」

24

薄切りのフェンネル(球茎)に
グリーンソースがなじむ間に……。

28

必要なものが
必要な場所にあるから、
盛りつけも速い速い。

29

包丁とまな板は
指先で汚れの落ち具合を
確かめながら洗います。

30
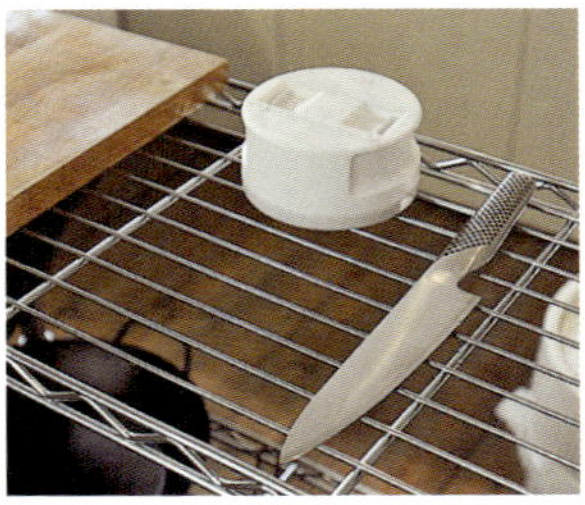
最後に洗う包丁とまな板は
ラックで乾かした後、
本来の収納場所へ。

詰め込まない収納が片づけやすさにつながる。

器の大きさ別に分類された戸棚。浅めの戸棚にゆったりと収納することで、取り出しやすく、片づけやすいを実現。

器は大きさごとに分類して、ゆったりと置く。

器は大きさごとに分類して、ゆったりと置く。

「器の数は、それぞれ上限を決めています。自宅ならば、お客さんを招いても6人でいっぱいになりますから、たとえば皿なら6枚が目安。お椀も6個に。各自が違うお皿を使うのも楽しいと思います」

上限を決めたら、それ以上は増やさないようにする。

「お皿や鉢は大きさ別に分類して、豆皿ならば豆皿ばかりを重ねて収納しています。大きいものから小さいものへ、入れ子式に重ねてしまうと、真ん中あたりの器を使いたいと思っても、取り出したり、しまったりするのが面倒になるでしょ」

上の写真を見ればわかるように、一段一段の棚にゆとりをもたせて器が収納されている。

「大きさ別に分類しても、ひとつの棚にびっしり置いてしまったのでは、出すのも片づけるのも億劫ですよね」

上・カトラリーは立ててまとめておくとすっきり片づく。下・フライパンや蓋も同じ種類、同じ大きさに分けて。

20年近く使っている冷蔵庫。いつもこんな感じ。蓋付きのボウルやバットをうまく使って食材を冷蔵。

上・空きがあると他のものも入れたくなるが、我慢。下・右の空いた棚がユーティリティースペースに。

戸棚に空きスペースを設けておくと何かと便利。

収納スペースは、どこもゆったりしている。まず、自分なりにキッチンツールを分類する。それから、作業の流れの中で、どこに何があれば使いやすいのかを考えて収納場所を決める。写真のように、ひとつのスペースをすりこぎや巻き簀、計量カップの収納場所と決めたら、どんなに空いていてもそれ以外のものは決して入れない。

「うちのキッチンの棚にはね、何も入っていない空きスペースがあります。たとえば、お客さんがあるときに、料理に使う器をあらかじめ空きスペースに用意しておきます。盛りつけがさっとできるでしょ。」

これも食事の時間を楽しむための知恵。

冷蔵庫は食材の一時的な保管場所だと考える。

冷蔵庫にいつもあるのは、ぬか床、ドアポケットのドライトマトのオイル漬けや、自家製マヨネーズ、ニョクマムなど。

「私は、野菜や肉を使いきるまでいろいろ工夫して料理するように心がけているから、庫内がぎちぎちにはなりませんが、いろいろなものが少しずつ残りがちですよね。そういうものを上手に利用して料理する、今日はそんな日にしようって決めるといいですよ。これも大切な〝片づけ〟だと思います」

冷蔵庫も空きスペースと同じ考え方で、一時的な保管場所としても使っている。マリネした肉を寝かせておく。ちぎったサラダ用の野菜を盛りつけまで冷やしておく……など。

同じ種類、同じ大きさのものだけを集めて収納。

うまく片づけるためには、まず分類することから始めよう。カトラリーならば、フォーク類、スプーン類と分類をするだけでもすっきりする。さらに、まったく同じフォーク、同じスプーンに分類し、ツール立てに立てて戸棚に収納している。そこまでしないまでも、類に分けたら、大きさごとに分けてもいい。

鍋類も同じ考えで収納している。同じ種類のフライパンだけを収めた棚、蓋だけを収めた棚、というふうに。扉付きの棚は便利。

「忙しいときにはとりあえず放り込んでおいて扉を閉めれば、すっきり片づいて見えるでしょ。時間ができたときにきちんと収納しなおせばいいんですから」

キッチンとリビングは、籠や盆を使ってうまく片づけられる。

「籠は大好きで、よく使っています。あまり見せたくないものや、そのまま出しておいたのでは美しくないものを入れて、高いところに置いておきます。それだけで部屋の装飾になるんです」

逆に、積極的に見せる方法もある。下の写真のように茶碗をぐるっと丸く重ねて籠に入れておけば、そのたたずまい自体が部屋の雰囲気をつくってくれる。

「それからね、こんな使い方もしています」

有元さんが手に提げている籠の中には、羽織っていたカーディガンやスタッフに届ける弁当が入っていた小さな籠、小物などが入っていた。

「仕事場では、乱れ籠のように使えば、羽織りものや小物が散らからずにすみます」

そのまま、ひょいっと持って移動すれば、通い籠に変身。忘れ物もなくなる。

石川・能登の漆芸家・赤木明登さんの手による八角形と長方形の盆を愛用している。6枚ずつ、計12枚。戸棚の空きスペースの活用と同じように、有元さんの手にかかると、お盆の用途も変幻自在だ。

「仕事がいくつも重なってくると、しなければいけない連絡を忘れてしまったり、家のことと、仕事のことがごちゃまぜになったり。何かいい整理の方法はないかなと考えていました。最初は、お盆をこんなふうに使おうなんて思っていませんでしたが……」

盆に仕事ごとに分類した書類や資料を入れて整理することを思いついた。

「今日は、このお盆の仕事を片づけようって、決めて取りかかっています」

食卓に出しても楽しい茶碗を収めた籠。

乱れ籠のようにも、通い籠のようにも使える大ぶりの手提げ籠。

漆芸家・赤木明登さんに注文して作ってもらった八角形の盆。

八角形の盆の原型になったのが、このアンティークの盆。朝鮮半島で使われていたという。

いつでもお茶を楽しめるように、盆に急須、湯呑み茶碗、茶托をセットしておく。

リモコンは小箱に入れて。

帰宅したらバッグの中の小物は必ずここへ。

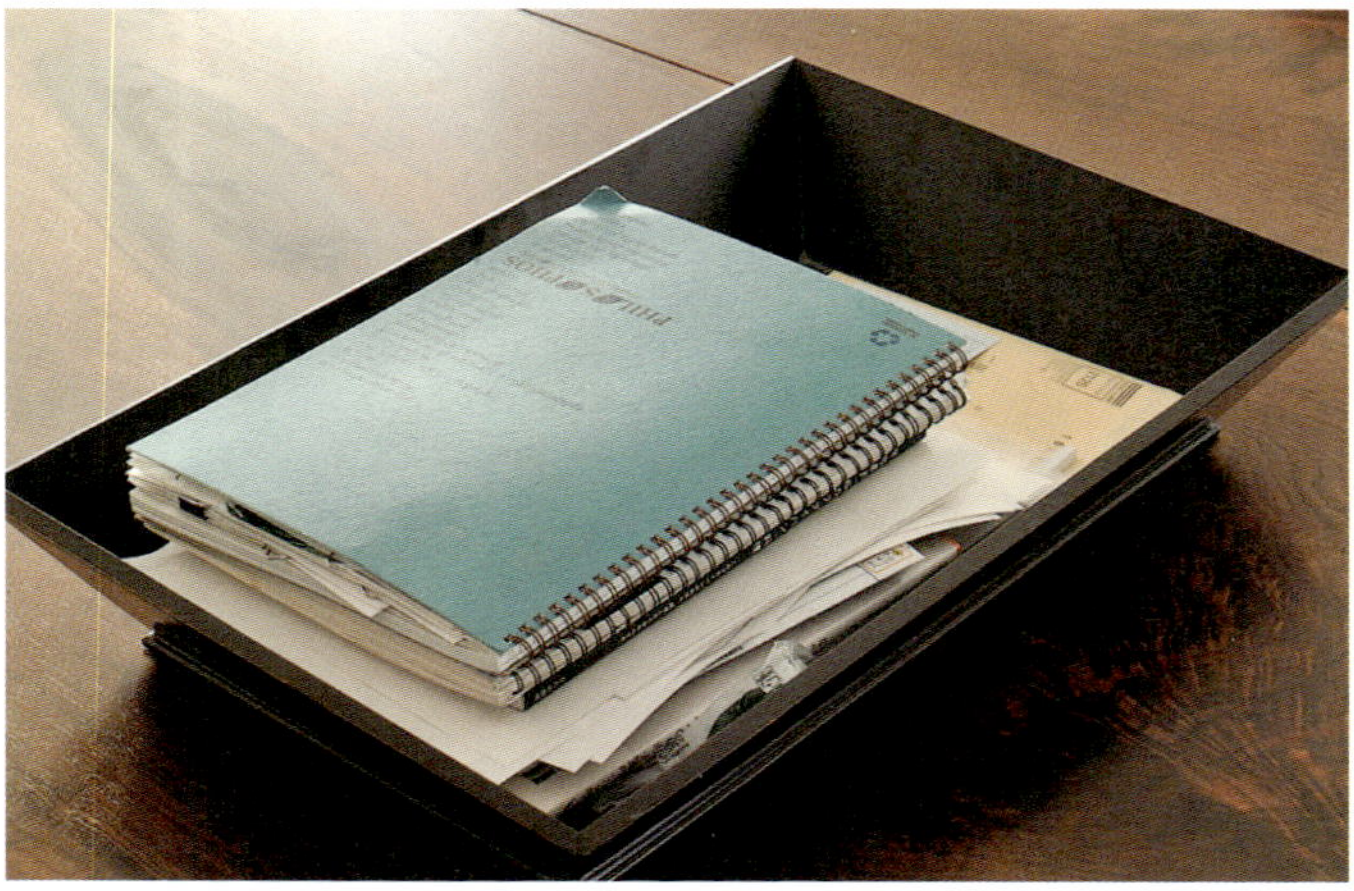

仕事ごとに必要な資料や書類をひとまとめにして、盆で整理。忙しいときはこのような盆がいくつも机に並ぶ。仕事の書類をまとめた長方形の盆も赤木さんの作品。

有元葉子
料理研究家。専業主婦時代、3人の娘を育てながら働く母の時代、娘たちの独立を経て、その経験でつちかった、独自の知恵と発想でセンス溢れる家庭料理を創りだす。また、使いやすいキッチン道具を求めて、オリジナルのキッチン用品「ラバーゼ」、セレクトショップ「shop 281」を手掛ける。
『「使い切る。」レシピ』(講談社／料理レシピ本大賞 in japan 2015 第2回【料理部門】入賞)、『有元葉子のご飯料理』(家の光協会)、『無水鍋で料理する』(文化出版局)、『だれも教えなかった料理のコツ』(筑摩書房)など著書多数。

撮影　飯田安国　土井 武　今清水隆宏
編集　二階堂千鶴子
ブックデザイン　縄田智子　L'espace

初出
クロワッサン650号、695号、736号、742号、752号、757号、827号
本書収録にあたり、加筆、修正しました。

有元葉子とクロワッサンの
ひと工夫で格段においしくなる
シンプル家庭料理

2016年1月14日　第1刷発行

著　者　有元葉子
発行者　石﨑 孟
発行所　株式会社マガジンハウス
〒104-8003 東京都中央区銀座3-13-10
書籍編集部 ☎03-3545-7030
受注センター ☎049-275-1811
印刷・製本　株式会社千代田プリントメディア

ISBN978-4-8387-2830-5 C2077